小古文 ⑥
小品文精选

杜志建 ◎ 主编

汕头大学出版社

图书在版编目（CIP）数据

小古文.6/杜志建主编.-- 汕头：汕头大学出版社，2022.3
（疯狂阅读）
ISBN 978-7-5658-4612-0

Ⅰ.①小… Ⅱ.①杜… Ⅲ.①文言文-阅读教学-中学-教学参考资料 Ⅳ.①G634.333

中国版本图书馆 CIP 数据核字 (2022) 第 024661 号

| 小古文.6 | XIAOGUWEN.6 |

主　　编：杜志建
责任编辑：汪艳蕾
责任技编：黄东生
策　　划：袁莹莹
封面设计：王媚设计工作室
版面设计：力源文化
出版发行：汕头大学出版社
　　　　　广东省汕头市大学路 243 号汕头大学校园内　邮政编码：515063
电　　话：0754-82904613
印　　刷：洛阳和众印刷有限公司
开　　本：890mm× 1240mm 1/32
印　　张：8
字　　数：218 千字
版　　次：2022 年 3 月第 1 版
印　　次：2022 年 3 月第 1 次印刷
定　　价：29.00 元
ISBN 978-7-5658-4612-0

版权所有，翻版必究。
如发现印装质量问题，请与承印厂联系退换。

二	游斜川序	东晋·陶渊明
四	与朱元思书	南朝梁·吴均
八	孟门山	北魏·郦道元
一二	与元微之书（节选）	唐·白居易
一四	小石潭记	唐·柳宗元
一八	书临皋亭	北宋·苏轼
二〇	过巫山神女祠	南宋·陆游
二四	湖心亭看雪	明末清初·张岱
二八	焦山题名记	清·王士禛
三二	峡江寺飞泉亭记（节选）	清·袁枚

山水清音

三八　采莲赋　南朝梁·萧绎

四二　春夜宴从弟桃花园序　唐·李白

四六　爱莲说　北宋·周敦颐

四八　金沙堆观月记（节选）　南宋·张孝祥

五〇　听蕉记　明·沈周

五二　夜雪　明·袁中道

五四　雨后游六桥记　明·袁宏道

五八　金山夜戏　明末清初·张岱

六二　芙蕖（节选）　明末清初·李渔

闲情偶寄

六六	诀别书	西汉·卓文君
六八	又报嘉书	东汉·徐淑
七二	诫子书	三国·诸葛亮
七四	与朝歌令吴质书	三国·曹丕
七八	与支遁书	东晋·谢安
八〇	与顾章书	南朝梁·吴均
八二	山中与裴秀才迪书	唐·王维
八六	与元九书（节选）	唐·白居易
八八	寄钱牧斋书	明末清初·柳如是

鱼传尺素

思念绵长

九四	金瓠哀辞 三国·曹植
九六	柳子厚墓志铭（节选） 唐·韩愈
九八	祭十二郎文 唐·韩愈
一〇六	祭小侄女寄寄文 唐·李商隐
一一二	泷冈阡表（节选） 北宋·欧阳修
一二〇	亡妻王氏墓志铭 北宋·苏轼
一二八	金石录后序（节选） 宋·李清照
一三四	寒花葬志 明·归有光
一三六	祭妹文（节选） 清·袁枚

一四六　兰亭集序　东晋·王羲之

一五二　观公孙大娘弟子舞剑器行序　唐·杜甫

一五六　竹枝词引　唐·刘禹锡

一六〇　《李贺集》序（节选）　唐·杜牧

一六四　书吴道子画后　北宋·苏轼

一六八　题东坡字后　北宋·黄庭坚

一七〇　跋渊明集　南宋·陆游

一七二　牡丹亭记题词　明·汤显祖

一七六　题孤山夜月图　明·李流芳

伍　翰墨流香

文坛诗话

一八〇　炀帝善属文　　唐·刘悚

一八二　旗亭画壁　　　唐·薛用弱

一九〇　人面桃花　　　唐·孟棨

一九六　红叶题诗　　　唐·范摅

一九八　明皇听曲　　　唐·郑棨

二〇〇　顾况戏白居易　唐·王定保

二〇二　幕士论苏柳词　南宋·俞文豹

二〇四　人比黄花瘦　　元·伊世珍

二〇六　陈子昂摔琴　　明·冯梦龙

二〇八　书马犬事　　　明·冯梦龙

二一〇　改诗之趣　　　清·袁枚

二一二　钱塘苏小是乡亲　清·袁枚

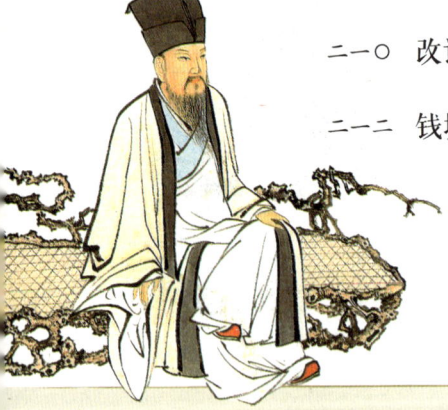

目录

二一六　桃花源记　东晋·陶渊明

二二二　许允丑妻　南朝宋·刘义庆

二二四　契若金兰　南朝宋·刘义庆

二二六　肃王与沈元用　南宋·陆游

二二八　良桐为琴　明·刘基

二三〇　张氏雀鼠　明·李贽

二三二　认真　明·陆灼

二三四　蓼庄图记（节选）　清·戴名世

二三六　知识补给站　古代文化常识之饮食器用

柒　围炉夜话

壹

山水清音

游斜川序

东晋·陶渊明

辛酉正月五日,天气澄和,风物闲美,与二三邻曲,同游斜川。临长流,望曾城①,鲂鲤跃鳞于将夕,水鸥乘和②以翻飞。彼南阜者,名实旧矣③,不复乃为嗟叹;若夫曾城,傍无依接,独秀中皋④,遥想灵山⑤,有爱嘉名⑥。欣对不足⑦,率尔赋诗。悲日月之遂往,悼吾年之不留。各疏年纪乡里,以纪其时日。

---

① 曾(céng)城:山名。曾,同"层"。一名江南岭,又名天子鄣,据说上有落星寺,在庐山北。
② 和:和风。
③ 名实旧矣:旧与新对应,有熟悉之意。这句意思是说,庐山的美名和美景,我已很熟悉了。
④ 独秀中皋(gāo):秀丽挺拔地独立在泽中高地。皋,近水处的高地。
⑤ 灵山:昆仑山,旧传为西王母及诸神仙居所,故曰灵山。
⑥ 嘉名:美名。眼前之曾城与神仙所居之曾城同名,因爱彼而及此,故曰"有爱嘉名"。
⑦ 欣对不足:高兴地面对曾城山赏景,尚不足以尽兴。

译文

　　正月初五辛酉，天气晴朗和暖，风光景物宁静优美，我与两三位邻居，一同游览斜川。面对悠然远逝的流水，眺望曾城山。夕阳中，鲂鱼、鲤鱼欢快地跃出水面，水鸥乘着和风上下翻飞。那南面的庐山久负盛名，我已很熟悉了，不想再为它吟诗作赋。至于曾城山，高耸挺拔，无所依傍，秀丽地独立于平泽之中；遥想那神仙所居的昆仑曾城，就更加喜爱眼前这座山的美名。如此欣然面对曾城赏景，尚不足以尽兴，于是即兴赋诗，抒发情怀。岁月流逝不返，使我感到悲伤；美好的年华离我而去不再停留，使我内心哀痛。各位游伴分别写下年龄、籍贯，并记下这难忘的一天。

与朱元思书

南朝梁·吴均

　　风烟俱净,天山共色。从流飘荡①,任意东西。自富阳至桐庐一百许②里,奇山异水,天下独绝。

　　水皆缥碧③,千丈见底。游鱼细石,直视无碍。急湍甚箭④,猛浪若奔。

　　夹岸高山,皆生寒树⑤,负势竞上⑥,互相轩邈⑦,争高直

---

① 从流飘荡:(乘船)随着江流漂荡。从,顺、随。
② 许:表示约数。
③ 缥碧:青白色。
④ 甚箭:"甚于箭",比箭还快。甚,胜过。
⑤ 寒树:形容树密而绿,使人心生寒意。
⑥ 负势竞上:山峦凭借高峻的地势,争着向上。
⑦ 轩邈:这些山峦仿佛都在争着往高处和远处伸展。轩,高。邈,远。这里均作动词用。

指,千百成峰。泉水激石,泠泠⁸作响;好鸟相鸣,嘤嘤成韵⁹。蝉则千转⑩不穷,猿则百叫无绝。鸢飞戾天⑪者,望峰息心⑫;经纶世务者⑬,窥谷忘反⑭。横柯上蔽⑮,在昼犹昏;疏条交映,有时见日。

---

⑧ 泠(líng)泠:形容水声清越。
⑨ 嘤(yīng)嘤成韵:鸣声嘤嘤,和谐动听。嘤嘤,鸟鸣声。韵,和谐的声音。
⑩ 千转(zhuàn):长久不断地鸣叫。转,同"啭",这里指蝉叫声。
⑪ 鸢飞戾天:出自《诗经·大雅·旱麓》。老鹰高飞入天,这里比喻极力追求名利的人。鸢,俗称老鹰,善高飞,是一种凶猛的鸟。戾,至。
⑫ 望峰息心:看到这些雄奇的山峰,就会平息热衷于功名利禄的心。
⑬ 经纶世务者:治理政务的人。经纶,筹划、治理。
⑭ 反:同"返",返回。
⑮ 横柯上蔽:横斜的树枝在上面遮蔽着。柯,树木的枝干。蔽,遮蔽。

译文

　　风和烟都散尽了,天和山是一样的颜色。我在小船上随着江流漂荡,时而偏东,时而偏西。从富阳到桐庐一百多里水路上,奇异的山水,独一无二。

　　江水都是青白色,千丈深的地方都能看得清楚。游动的鱼儿和细碎的沙石,也可以看得清清楚楚,毫无障碍。湍急的水流比箭还快,迅猛的浪涛像飞奔的骏马。

　　江两岸的高山上,全都生长着使人看了有寒意的树;山峦凭借着高峻的地势,争着向上,仿佛都在往高处和远处伸

展,直插云天,形成无数的山峰。山间的泉水冲击着岩石,发出泠泠的响声;美丽的鸟互相和鸣,鸣声嘤嘤,和谐动听。蝉儿和猿猴也长时间地叫个不停。极力追求名利的人,看到这些雄奇的高峰,就会平息热衷于功名利禄的心;治理政务的人,看到这些幽美的山谷,就会流连忘返。横斜的树枝在上面遮蔽着,即使是在白天也像黄昏时那样昏暗;稀疏的枝条交相掩映,有时还可以从枝叶的空隙中见到阳光。

山水清音

孟门山

北魏·郦道元

孟门①,即龙门②之上口也。实为河之巨厄③,兼孟门津之名矣。

此石经始禹凿,河中漱广④,夹岸崇深,倾崖返捍⑤,巨石临危,若坠复倚⑥。古之人有言:"水非石凿,而能入石。"信

---

① 孟门:山名,在今山西省吉县西黄河河道中,距壶口瀑布下游五公里处。
② 龙门:禹门口,在今山西省河津市,为黄河晋陕峡谷的南端出口,两岸峭壁对峙,形如阙门,故称。相传为禹所凿。
③ 厄(è):这里指阻塞的地方。
④ 漱广:因受流水冲击河床变宽。漱,指水的冲击。
⑤ 倾崖返捍:水势猛冲山崖而又折回。倾崖,水势像要倾动山崖。捍,摇动。
⑥ 若坠复倚:好像要坠落下来却又偎依在山崖上。

哉！其中水流交冲，素气⁷云浮，往来遥观者，常若雾露沾人，窥深悸魄⁸。其水尚崩浪万寻⁹，悬流千丈，浑洪⁽¹⁰⁾赑怒⁽¹¹⁾，鼓若山腾，浚波颓叠，迄于下口⁽¹²⁾，方知慎子⁽¹³⁾，下龙门，流浮竹，非驷马之追也。

---

⑦ 素气：指白色的水汽。
⑧ 窥深悸魄：往深处窥探，使人惊心动魄。窥，窥探，看。悸，惊。
⑨ 寻：古代以八尺为一寻。
⑩ 浑洪：水势浩大的样子。
⑪ 赑（bì）怒：汹涌澎湃。形容水势很大。
⑫ 下口：黄河水流出龙门之口称下口。
⑬ 慎子：慎到，战国时人，著有《慎子》一书。

译文

　　孟门,就是龙门的入口。其实它是河中的巨大阻塞,又被称作"孟门津"。

　　传说这座山经大禹开凿过,河道因被水冲击而非常宽阔,两岸高峻的山峰夹着深邃的河谷,水势猛冲山崖而又折回,巨大的石头似坠似倚地挂在悬崖上面。古人曾说:"水不是开石头的凿子,却能够进入石头中。"果然不错!孟门津水

流交汇冲击,白色的水汽像云一样飘在空中,在远处行走的人,好像是被雾气缠绕,往云雾的深处望去真有一种撼人心魄的感觉。河水激起万重浪,有如瀑布千丈,河水汹涌澎湃,波浪像崇山峻岭,激流交叠,直奔下游而去。我这才信服慎子所说的话,河水流向龙门,浮竹顺流而下,哪怕四匹快马也是追不上的。

与元微之①书(节选)

唐·白居易

仆②去年秋始游庐山,到东西二林③间香炉峰下,见云水泉石,胜绝第一,爱不能舍。因置草堂,前有乔松④十数株,修竹千余竿。青萝为墙援⑤,白石为桥道,流水周于舍下,飞泉落于檐间,红榴白莲,罗生池砌⑥。大抵若是,不能殚⑦记。每一独往,动弥旬日⑧。平生所好者,尽在其中。不唯忘归,可以终老。此三泰也。计足下久不得仆书,必加忧望,今故录三泰以先奉报,其余事况,条写⑨如后云云。

---

① 元微之:元稹,唐代诗人,白居易的好友。
② 仆:我。
③ 东西二林:指庐山的东林寺和西林寺。
④ 乔松:大松树。乔,高大。
⑤ 墙援:篱笆墙。援,用树木围成的园林护卫物。
⑥ 罗生池砌:分别生长在石阶下边的水池中。砌,石阶。
⑦ 殚(dān):尽,全。
⑧ 动弥旬日:常常满十天。动,动不动、常常。弥,满。旬日,十天。
⑨ 条写:一条条地写。

译文

　　我去年秋天初次游览庐山,到了香炉峰下的东林寺和西林寺,看见飞云、流水、清泉、怪石,绝妙第一,喜爱得不忍离去。于是购建了一座草堂,前面有高大松树十数株,长竹千余竿。用青萝围成篱笆墙,用白石砌起桥梁,小河流水环绕在屋下,飞泉水珠散落在檐间,还有红榴树和白莲花,生长在岸边和池塘。大致如此,不能详尽记述。每次我独自一人前去,常常住满十天。我平生最喜欢的,全在其中了。不仅会让人忘记回家,简直可以让人想在此度过一生。这是第三件安适的事。想到您很久没有收到我的信,一定在盼望,现亲自记下这三件安适的事先作呈报,其余的事,容我以后一条一条地再写给您。

小石潭记

唐·柳宗元

从小丘西行百二十步,隔篁竹①,闻水声,如鸣珮②环,心乐之。伐竹取③道,下见小潭,水尤清冽。全石以为底,近岸,卷石底以出,为坻,为屿,为嵁,为岩④。青树翠蔓,蒙络摇缀,参差披拂。

潭中鱼可百许头,皆若空游无所依,日光下澈,影布石上。怡然⑤不动,俶尔⑥远逝,往来翕忽⑦。似与游者相乐。

---

① 篁(huáng)竹:竹林。
② 珮:玉质饰物。
③ 取:这里指开辟。
④ 为坻(chí),为屿,为嵁(kān),为岩:成为坻、屿、嵁、岩各种不同的形状。坻,水中高地。屿,小岛。嵁:不平的岩石。岩,石崖。
⑤ 怡然:愣在那里不动的样子。
⑥ 俶(chù)尔:忽然。
⑦ 翕(xī)忽:轻快敏捷的样子。

潭西南而望,斗折蛇行⑧,明灭可见。其岸势犬牙差互⑨,不可知其源。

　　坐潭上,四面竹树环合,寂寥无人,凄神寒骨,悄怆幽邃⑩。以其境过清,不可久居,乃记之而去。

　　同游者:吴武陵⑪,龚古⑫,余弟宗玄。隶而从者,崔氏二小生:曰恕己,曰奉壹。

---

⑧ 斗折蛇行:看到溪水像北斗七星那样曲折,像蛇那样蜿蜒前行。
⑨ 差(cī)互:参差不齐。
⑩ 悄怆幽邃:幽静深远,弥漫着忧伤的气息。
⑪ 吴武陵:作者的朋友,当时也被贬到永州。
⑫ 龚古:作者的朋友。

译文

　　从小丘向西走一百二十多步,隔着竹林,可以听到水声,好像人身上佩带的玉珮、玉环相碰发出的声音,令人心情非常愉悦。砍倒竹子,开辟出一条道路,沿路走下去看见一个小潭,潭水格外清凉。小潭以整块石头为底,靠近岸边,石底有些部分翻卷过来露出水面,成为水中高地、小岛、不平的岩石和石崖等各种不同的形状。青翠的树木,翠绿的藤蔓,遮掩缠绕,摇动下垂,参差不齐,随风飘拂。

　　潭中的鱼大约有一百来条,都好像在空中游动,什么依靠都没有。阳光直照水底,鱼的影子映在石上,呆呆地一动不动;忽然间又向远处游去了,来来往往,轻快敏捷,好像和游玩的人互相取乐。

  向小石潭的西南方望去，小溪就像北斗星那样曲折，像蛇那样弯曲，时隐时现。两岸的地势像狗的牙齿那样相互交错，也不知道溪水的源头在什么地方。

  我坐在潭边，四面环绕合抱着竹林和树林，寂静寥落，空无一人，使人感到心情凄凉，寒气入骨，幽静深远，弥漫着忧伤的气息。因为这里的环境太凄清，不可长久停留，于是记下这里的情景就离开了。

  与我同去游玩的人，有吴武陵、龚古，我的弟弟柳宗玄。和我一同出行的，还有姓崔的两个年轻人：一个名叫恕己，一个名叫奉壹。

书临皋亭

北宋·苏轼

东坡居士酒醉饭饱,倚于几①上。白云左绕②,清江右洄③,重门洞开,林峦坌入④。当是⑤时,若有思而无所思,以受万物之备。惭愧!惭愧!

---

① 几:与案相对而言,狭长,下有足,常设于座侧,以便凭倚或搁置物件。
② 绕:缭绕。
③ 洄:水回旋而流,绕过。
④ 重(chóng)门洞开,林峦坌(bèn)入:树木山峦由门向我奔来。
⑤ 是:这。

译文

东坡居士酒足饭饱,倚靠在几案上。外面,左边洁白的云朵缭绕,右边清澈的江水回旋,门窗打开,树木与山峦由门窗映入眼帘。在这个时候,我好像在思考又像是什么也没有去想,惬意地享受万物所有的惠泽。惭愧呀!惭愧!

山水清音

过巫山神女祠

南宋·陆游

　　二十三日①,过巫山凝真观②,谒③妙用真人祠。真人,即世所谓巫山神女④也。祠正对巫山,峰峦上入霄汉,山脚直插江中。议者谓太华、衡、庐⑤,皆无此奇。然十二峰⑥者,不可

---

① 二十三日:农历十月二十三日。
② 凝真观(guàn):庙宇名,唐代名叫神女祠,北宋末年改名凝真观。
③ 谒:拜见。
④ 巫山神女:神话故事中的女神。据说她是西王母的第二十三个女儿,称云华夫人,学道成功,从东海遨游归来,因流连巫山美景,便不再离去,后曾帮助大禹治水。唐宋时,道教徒出于宗教宣传目的,将其打扮成道教仙人,"妙用真人"便是他们加给神女的道号。
⑤ 太华、衡、庐:华山、衡山、庐山。太华,华山的主峰,古称西岳。
⑥ 十二峰:巫山十二峰,有神女、起云、翠屏、飞凤、上升、聚鹤、朝云、集仙、望霞、圣泉、净坛、登龙。

悉见。所见八九峰，惟神女峰最为纤丽奇峭，宜为仙真⁷所托。祝史⁸云："每八月十五夜月明时，有丝竹之音，往来峰顶，山猿皆鸣，达旦方渐止。"庙后山半，有石坛平旷。《传》⁹云："夏禹见神女，授符书于此。"坛上观十二峰，宛如屏障。是日，天宇晴霁，四顾无纤翳⁑，惟神女峰上有白云数片，如鸾鹤翔舞徘徊，久之不散，亦可异也。

---

⑦ 仙真：指巫山神女。
⑧ 祝史：古司祝之官。
⑨《传》：指《神仙传》。
⑩ 纤翳：微小的云彩。翳，遮盖，这里指云。

译文

  二十三日,经过巫山凝真观时,参拜了妙用真人祠。妙用真人就是世人所说的巫山神女。祠庙正对着巫山,峰峦直上云霄,山脚径直插入江水中。人们议论说华山、衡山、庐山,都没有这里奇妙。但是巫山十二峰,不能都看得见。所能见到的八九座峰,只有神女峰最是纤细峻峭,适宜作为神女的化身。祠中主持祭祀者说:"每年的八月十五晚上月亮朗明的时候,就能听到优美的管弦音乐,在峰顶上久久徘徊,能听到山上的猿啼,到天明才渐渐停止。"在庙的后边的半山腰上,有个石坛比较平坦。《神仙传》中说:"夏禹遇到神女,神女就是在这个地方把符书送给禹。"在石坛上看十二峰,就像屏障一样。这一天,天空晴朗,环顾周围没有丝毫云烟,只有神女峰上有几片白云,就像凤凰、白鹤在那里跳舞、散步,很久不散去,也是很奇异的一个现象。

山水清音

湖心亭看雪

明末清初·张岱

崇祯五年①十二月,余住西湖。大雪三日,湖中人鸟声俱绝。是日更定②矣,余拏③一小舟,拥毳衣炉火④,独往湖心亭看雪。雾凇沆砀⑤,天与云与山与水,上下一白⑥,湖上影子,惟长堤一痕⑦、湖心亭一点、与余舟一芥、舟中人两三粒而已。

---

① 崇祯五年:公元1632年。崇祯,明思宗朱由检年号。
② 更(gēng)定:晚上八时左右。更,古代夜间的计时单位,一夜分为五更,每更约两个小时。旧时每晚八时左右,打鼓报告初更开始,称为"定更"。定,停止,结束。
③ 拏(ná):撑船。
④ 拥毳(cuì)衣炉火:裹着裘皮衣服,围着火炉。毳,鸟兽的细毛。
⑤ 雾凇(sōng)沆砀(hàng dàng):冰花周围弥漫着白汽。雾,从天上下罩湖面的云气。凇,从湖面蒸发的水汽。沆砀,白汽弥漫的样子。
⑥ 上下一白:上上下下全白。一,全或都,一概。
⑦ 长堤一痕:形容西湖长堤在雪中隐隐露出一道痕迹。

到亭上,有两人铺毡对坐,一童子烧酒炉正沸。见余大喜曰:"湖中焉得更有此人⑧!"拉余同饮。余强饮⑨三大白⑩而别。问其姓氏,是金陵人,客此。及下船,舟子喃喃曰:"莫说相公痴,更有痴似相公者。"

---

⑧ 焉得更有此人:哪能还有这样的人呢!意思是想不到还会有这样的人。焉得,哪能。更,还。
⑨ 强饮:尽情喝。强,尽力、勉力、竭力。
⑩ 白:古人罚酒时用的酒杯。

译文

　　崇祯五年十二月,我住在西湖边。大雪接连下了多天,湖中的行人、飞鸟的声音都消失了。这一天晚上八点左右,我撑着一叶小舟,穿着裘皮衣,围着火炉,独自前往湖心亭看雪。湖面上冰花一片弥漫,天和云、山和水,天光湖色全是白皑皑的,湖上的影子,只有一道长堤的痕迹,一点湖心亭的轮廓,我的一叶小舟,和舟中的两三粒人影罢了。

　　到了湖心亭上,看见有两个人铺好毡子,相对而坐,一个小孩正把酒炉里的酒烧得滚沸。他们看见我,非常高兴地说:"想不到在湖中还会有这样的人!"他们拉着我一同饮酒。我尽力喝了三大杯酒,然后和他们道别。问他们的姓氏,得知他们是南京人,在此地客居。等到了下船的时候,船夫喃喃地说:"不要说相公您痴,还有像相公您一样痴的人啊!"

山水清音

焦山①题名记

清·王士禛

　　来焦山有四快事：观返照吸江亭②，青山落日，烟水苍茫中，居然米家父子③笔意；晚望月孝然祠外，太虚④一碧，长江万里，无复微云点缀，听晚梵声⑤出松杪⑥，悠然有遗世之想；晓起观海门⑦日出，始从远林微露红晕，倏然跃起数千丈，映

---

① 焦山：在今江苏镇江市东北长江中，因东汉焦光隐居于此得名。
② 吸江亭：焦山名胜，原名汲江亭，为取郑燮联文"吸取江水煮新茗"语意，更名吸江亭，今称吸江楼。
③ 米家父子：指宋代画家米芾(fú)、米友仁父子。
④ 太虚：指天空。
⑤ 梵声：诵经声。
⑥ 杪(miǎo)：树梢。
⑦ 海门：焦山东北有两石对峙，称为海门。

射江水,悉成明霞,演漾⑧不定;《瘗鹤铭》⑨在雷轰石下,惊涛骇浪,朝夕喷激。予来游于冬月,江水方落,乃得踏危石于潮汐汩没⑩之中,披剔尽致⑪,实天幸也。

---

⑧ 演漾:水波荡漾。
⑨《瘗(yì)鹤铭》:著名的摩崖石刻,在焦山石崖上,相传为南宋陶弘景书。
⑩ 汩(gǔ)没:指潮水击荡起伏。
⑪ 披剔尽致:仔细而详尽地阅览、观赏。

译文

　　来焦山有四件令人高兴的事:观看夕阳返照在吸江亭的美景,青青的山峰映照着落日,沧海烟云一片烟波浩渺的景象,像是米家父子的笔法创造的意境;晚上在孝然祠外观看月色,天空碧蓝,万里长空,没有一丝云彩,听那诵经声从松树梢间传来,让人有出落凡尘的想法;早晨起来观看海门日出,太阳刚从远处的树林中稍微露出一点红晕的光,忽然间腾跃而起几千丈高,光芒照射在水中,一下子全都变成了明亮、摇曳多姿、荡漾的霞光;《瘗鹤铭》在雷轰石的下面,惊涛骇浪,早晚喷涌和激荡。我是在冬季来游玩的,江水刚落潮,才得以在潮水激荡起伏间踏着礁石,仔细而详尽地阅览、观赏,实在是有幸呀。

山水清音

峡江寺飞泉亭记（节选）

清·袁枚

登山大半，飞瀑雷震，从空而下。瀑旁有室，即飞泉亭也。纵横丈余，八窗明净，闭窗瀑闻，开窗瀑至。人可坐，可卧，可箕踞①，可偃仰②；可放笔砚，可瀹茗③置饮，以人之逸，待水之劳，取九天银河④置几席间作玩。当时建此亭者，其仙乎！

---

① 箕踞：一种坐的姿势，坐时两脚伸直岔开，形似簸箕。
② 偃（yǎn）仰：俯仰。
③ 瀹（yuè）茗：烹茶。瀹，煮。
④ 九天银河：指瀑布。

僧澄波善弈,余命霞裳⑤与之对枰⑥。于是水声、棋声、松声、鸟声,参错并奏。顷之,又有曳杖⑦声从云中来者,则老僧怀远抱诗集尺许,来索余序。于是吟咏之声又复大作。天籁人籁,合同而化。不图观瀑之娱,一至于斯,亭之功大矣!

---

⑤ 霞裳(cháng):刘霞裳,山阴人。袁枚的学生。
⑥ 对枰(píng):对坐下棋。枰,棋局。这里是比赛棋艺的意思。
⑦ 曳(yè)杖:拖着拐杖。曳,拖,牵引。

译文

　　登山过了一半,有瀑布像雷鸣一样,从高空飞泻下来。瀑布旁边有间房屋,这就是飞泉亭。亭子长宽有一丈多,八扇窗子明亮洁净,关上窗户听到瀑布的响声,推开窗子瀑布就扑面而来。亭子里可以坐,可以躺,可以放松腿脚,可以随意舒展活动,可以放笔墨砚台,可以品茶饮酒,以人的安逸舒适,静待水的奔腾飞泻,就像把九天之上的银河放在书桌卧榻前赏玩。当时造这亭子的人,莫非是仙人啊!

　　澄波和尚善于下棋,我叫刘霞裳跟他对弈。于是水声、棋子声、松涛声、鸟鸣声,错落着响成一片。过了一会儿,听到手杖触地的声音像从云中传来,原来是老和尚怀远抱着一尺多厚的诗集,要我作序。于是吟诵诗文的声音又响起来。大自然的声音,人的声音,完全汇合而融化在一起。想不到观赏瀑布的快乐,竟然到了这般境界,这亭子的功劳实在是大啊!

山水清音

贰

闲情偶寄

采莲赋

南朝梁·萧绎

紫茎兮文波,红莲兮芰荷①。绿房②兮翠盖,素实③兮黄螺④。

于时妖童媛女⑤,荡舟心许,鹢首⑥徐回,兼传羽杯⑦。櫂⑧将移而藻挂,船欲动而萍开。尔其纤腰束素⑨,迁延⑩顾步。夏始春余,叶嫩花初。恐沾裳而浅笑,畏倾船而敛裾。故以

---

① 芰(jì)荷:菱叶与荷叶。
② 绿房:指莲蓬。因莲房呈圆孔状间隔排列如房,故称。
③ 素实:白色的莲子。
④ 黄螺:黄色的莲子。
⑤ 妖童媛(yuàn)女:俊俏少年和美女。妖,艳丽。媛,美好。
⑥ 鹢(yì)首:船头。鹢是一种大鸟,古代常被画在船头作装饰。
⑦ 羽杯:古代饮酒用的耳杯(两侧各有一耳),作鸟雀状,左右形如两翼。传羽杯,宴饮中传递酒杯劝酒。
⑧ 櫂(zhào):划船用的工具。代指船。一作"棹"。
⑨ 束素:捆扎起来的白绢。形容女子细腰。
⑩ 迁延:退却貌。

水溅兰桡⑪,芦侵罗裀⑫。菊泽⑬未反,梧台⑭迥见,荇湿沾衫,菱长绕钏。泛柏舟而容与⑮,歌采莲于枉渚。

歌曰:"碧玉⑯小家女,来嫁汝南王。莲花乱脸色,荷叶杂衣香。因持荐君子,愿袭芙蓉裳。"

---

⑪ 兰桡(ráo):兰木做的船楫。
⑫ 罗裀(jiàn):绫罗垫子。裀,同"荐",垫子。
⑬ 菊泽:指秋天开满菊花的泽地。一作"渔泽"。
⑭ 梧台:古梧宫之台,旧址在今山东临淄西北。
⑮ 容与:闲暇自得貌。
⑯ 碧玉:郭茂倩《乐府诗集》曰:"碧玉小家女,不敢攀贵德。"碧玉原为南朝宋汝南王妾名,后以"小家碧玉"称小户人家的美貌少女。

译文

  紫茎亭亭立于粼粼清波,红莲朵朵映衬重重芰荷。莲蓬作房屋荷叶作屋顶,莲子洁白莲蓬如黄螺。

  值此时节的俊男美女,摇起船儿心中荡漾柔情。鹢形画船迂回慢近,雀状酒杯传递频频。水草挽住船桨不肯让其离去,浮萍移开为船儿放行。美女摆动娇柔的细腰,欲行又止几番回眸传情。夏季刚刚开始春意尚未散尽,鲜嫩的荷叶映衬着初开的荷花。生怕沾湿衣裳而低声浅笑,担心船儿倾覆

而紧紧抓住衣襟。于是船桨击水缓缓向前，芦花点点飞上绫罗绣垫。荡舟湖上不思回返，梧台已经遥遥可见，带水的荇菜沾湿了衣衫，长长的菱草缠住了臂环。泛着柏木舟多么悠闲自在，水洲边放开歌喉唱一曲《采莲》。

歌唱道："碧玉姑娘本是小户人家之女，前来嫁给身世显贵的汝南王。莲花映衬着她的容貌，荷叶染上了她的衣香。手持莲花荷叶进献给君子，希望穿上用它制作的美丽衣裳。"

春夜宴从弟桃花园序

唐·李白

夫天地者万物之逆旅①；光阴者百代之过客。而浮生若梦，为欢几何？古人秉②烛夜游，良有以也。况阳春召我以烟景③，大块④假我以文章⑤。会桃花之芳园，序天伦之乐事。群季⑥俊秀，皆为惠连⑦，吾人咏歌，独惭康乐⑧。幽赏未已，高谈

---

① 逆旅：旅舍。逆，迎。古人以生为寄，以死为归，如《古诗十九首》："人生天地间，忽如远行客。"此用其意。
② 秉：执，拿着。
③ 烟景：春天气候温润，景色似含烟雾。
④ 大块：天地，大自然。
⑤ 文章：色彩错杂成纹。指春日绚丽景物。
⑥ 群季：诸弟。古代以伯（孟）、仲、叔、季排行，季指同辈排行中最小的。这里泛指弟弟。
⑦ 惠连：谢惠连，南朝宋诗人，早慧，为族兄谢灵运所赏爱，常一同写作游玩。这里以惠连来称赞诸弟的才情。
⑧ 康乐：南朝山水诗人谢灵运，袭封康乐公，世称谢康乐。

转清。开琼筵⁹以坐花,飞羽觞⁹而醉月。不有佳咏,何伸雅怀?如诗不成,罚依金谷酒数⁹。

---

⑨ 琼筵:华美的筵席。
⑩ 羽觞:古代一种酒器,作鸟雀状,有头尾羽翼。
⑪ 金谷酒数:西晋石崇筑园于金谷涧,世称金谷园,曾与友人宴饮其中,作《金谷诗序》云:"遂各赋诗,以叙中怀。或不能者,罚酒三斗。"后泛指宴会上罚酒三杯的常例。

译文

　　天地是万物的旅舍,光阴是古往今来的过客。死生的差异,就好像梦与醒的不同,纷纭变幻,得到的欢乐又能有多少呢?古人夜间执着蜡烛游玩实在是有道理啊。况且春天用艳丽景色召唤我,大自然把各种美好的形象赐予我。相聚在桃花飘香的花园中,畅叙兄弟间快乐的往事。弟弟们英俊优秀,个个都有谢惠连那样的才情,而我写诗吟咏,却惭愧不如谢灵运。赏玩的兴致还未尽,高谈阔论又转向了清谈。摆开筵席来坐赏名花,快速地传递着酒杯醉倒在月光中。没有好诗,怎能抒发高雅的情怀?倘若有人写诗不成,就要按照当年石崇在金谷园宴客赋诗的先例,罚酒三杯。

閑情偶寄

爱莲说

北宋·周敦颐

　　水陆草木之花,可爱者甚蕃①。晋陶渊明独爱菊。自李唐来,世人盛爱牡丹。予独爱莲之出淤泥而不染,濯②清涟③而不妖④,中通外直,不蔓不枝,香远益清,亭亭净植⑤,可远观而不可亵⑥玩焉。

　　予谓菊,花之隐逸者也;牡丹,花之富贵者也;莲,花之君子者也。噫!菊之爱,陶后鲜⑦有闻。莲之爱,同予者何人?牡丹之爱,宜乎⑧众矣。

---

① 蕃(fán):众多。
② 濯(zhuó):洗涤。
③ 清涟:水清而有微波,这里指清水。
④ 妖:美丽而不端庄。
⑤ 亭亭净植:笔直洁净地立在那里。
⑥ 亵(xiè):亲近而不庄重。
⑦ 鲜(xiǎn):少。
⑧ 宜乎:当然,应该。

译文

　　水上、陆地上各种草木的花,值得喜爱的非常多。晋代的陶渊明只喜爱菊花。从李氏唐朝以来,世上的人十分喜爱牡丹。而我唯独喜爱莲花从淤泥中长出却不被污染,经过清水的洗涤却不显得妖艳,它的茎内空外直,不生蔓不长枝,香气远播,笔直洁净地立在水中,人们只能远远地观赏而不能玩弄它。

　　我认为菊花,是花中的隐士;牡丹,是花中的富贵者;莲花,是花中品德高尚的君子。唉! 对于菊花的喜爱,陶渊明以后就很少听到了。对莲花的喜爱,还有像我一样的人吗? 喜爱牡丹的,当然就很多人了。

金沙堆观月记(节选)

南宋·张孝祥

盖余以八月之望①过洞庭,天无纤云②,月白如昼。沙③当洞庭青草④之中,其高十仞,四环之水,近者犹数百里。余系船其下,尽却⑤童隶而登焉。沙之色正黄,与月相夺⑥;水如玉盘,沙如金积,光采激射,体寒目眩,阆风⑦、瑶台⑧、广寒⑨之宫,虽未尝身至其地,当亦如是而止耳。盖中秋之月,临水之观,独往而远人,于是为备。书以为《金沙堆观月记》。

---

① 八月之望:八月十五日。望,夏历每月十五日。
② 天无纤云:天空没有一丝云彩。
③ 沙:指金沙堆。
④ 青草:湖名。
⑤ 尽却:全部退去。却,使退。
⑥ 相夺:意谓争辉。
⑦ 阆(làng)风:传说中神仙居住的地方,在昆仑之巅。
⑧ 瑶台:传说在昆仑山上,有瑶台十二,以五色玉为台基。
⑨ 广寒:广寒宫,月中仙宫。

译文

　　我大约在八月十五日去看过洞庭,天上没有一丝云彩,月光明亮如同白昼。金沙堆正好位于洞庭湖与青草湖之间,高有十仞,四面绿水环绕,最近的陆地离这里也有几百里。我把船停靠在岸边,系在沙洲下面,让书童仆役全部退去,然后徒步向上攀登。只见金沙堆上的沙子一片金黄,似在与月光争辉;湖面犹如玉盘,金沙堆上的沙子宛若堆积的黄金,光芒四射,使人感觉身凉眼花,阆风、瑶台、广寒这些传说中的宫殿,即使没有亲身到过那里,应当也不过如此而已吧。大概中秋赏月,临水的观赏地点,独往且远离人世,在这里全都完备了。因此我写了这篇《金沙堆观月记》。

听蕉记

明·沈周

　　夫蕉者,叶大而虚,承雨有声。雨之疾徐、疏密,响应不忒①。然蕉曷尝有声,声假雨也。雨不集,则蕉亦默默静植;蕉不虚,雨亦不能使为之声:蕉雨固相能②也。蕉静也,雨动也,动静戛摩而成声,声与耳又相能相入也。迨若匜匜涵涵、剥剥滂滂、索索浙浙、床床浪浪③,如僧讽堂④,如渔鸣榔,如珠倾,如马骧⑤,得而象⑥之,又属听者之妙矣。

---

① 不忒(tè):没有差别。
② 相能:相善,相契,指蕉雨声音谐和。
③ "匜匜"句:皆为象声词,模拟雨打芭蕉的种种声音。
④ 讽堂:诵经于佛堂,喻蕉雨声。
⑤ 骧(xiāng):腾跃。
⑥ 象:想象,描摹。

译文

　　芭蕉这东西,叶子宽大而空虚,承接雨水时会发出声响。随着雨水落下的快慢、疏密而丝丝入扣地发出相应的声音。然而芭蕉哪里会有声音,声音不过是借助雨水得到的。没有雨水,芭蕉也只能默默地立在那里;可是若芭蕉并不空虚,即使雨水也不能使它发出声响:芭蕉与雨水本来是相互配合的。芭蕉是静止的,雨水是流动的,一动一静相互作用而产生声音,声音与人的耳朵又能相互作用。于是发出匝匝潘潘、剥剥滂滂、索索渐渐、床床浪浪等各种各样的声音,如同僧人在佛堂上诵经,如同渔人敲榔,如同倾倒珍珠,如同骏马腾跃,听到这些声音而产生各种各样的想象,又是听到这些声音的人们各自的妙想了。

夜雪

明·袁中道

　　夜雪大作，时欲登舟至沙市，竟为雨雪所阻。然万竹中雪子①敲戛②，铮铮有声，暗窗红火，任意看数卷书，亦复有少趣。自叹每有欲往，辄③复不遂。然流行坎止④，任之而已。鲁直⑤所谓"无处不可寄一梦"也。

---

① 雪子：雪丸，往往在下雪之初出现，状如盐粒。
② 敲戛（jiá）：敲击，敲打。
③ 辄：总是。
④ 流行坎止：顺流而行，遇阻而止。意为顺利时就行动，遇到危险就停止。
⑤ 鲁直：黄庭坚，北宋著名文学家、书法家。

译文

  晚上下起了大雪,当时正想坐船到沙市,竟然为雨雪所阻。然而听着雪珠击打着竹林发出的铮铮声音,暗暗的窗子与红红的烛火,随意地浏览一些书,还是能享受到一些乐趣的。叹息每次有想去的地方,总是不能如愿。那么是行是止,随它便吧。这就是鲁直所说的"没有一个地方不可以寄托一个梦想"的意思吧。

雨后游六桥①记

明·袁宏道

寒食②后雨,予曰此雨为西湖洗红③,当急与桃花作别,勿滞也。午霁④,偕诸友至第三桥,落花积地寸余,游人少,翻以为快。忽骑者白纨而过⑤,光晃衣⑥,鲜丽倍常,诸友白其内

---

① 六桥:在杭州西湖苏堤上。
② 寒食:节令名,在清明的前一二天。古人从这一天起三天内不生火做饭,所以叫做寒食。
③ 洗红:洗去红妆,这里比喻雨摧落花。
④ 霁(jì):雨后转晴。
⑤ 忽骑者白纨而过:忽见穿白绸衫的人骑马驰过。
⑥ 光晃衣:雨后初晴的阳光照在白绸衫上闪闪发亮。

者⁷皆去表⁸。少倦,卧地上饮,以面受花⁹,多者浮ⁱ⁰,少者歌,以为乐。偶艇子出花间,呼之,乃寺僧载茶来者。各啜ⁱ¹一杯,荡舟浩歌而返。

---

⑦ 白其内者:穿着白色内衣的人。
⑧ 去表:脱去外套。
⑨ 以面受花:用脸颊来承接树上掉下的落花。
⑩ 多者浮:脸上落花多的人饮酒。浮,饮酒。
⑪ 啜(chuò):喝。

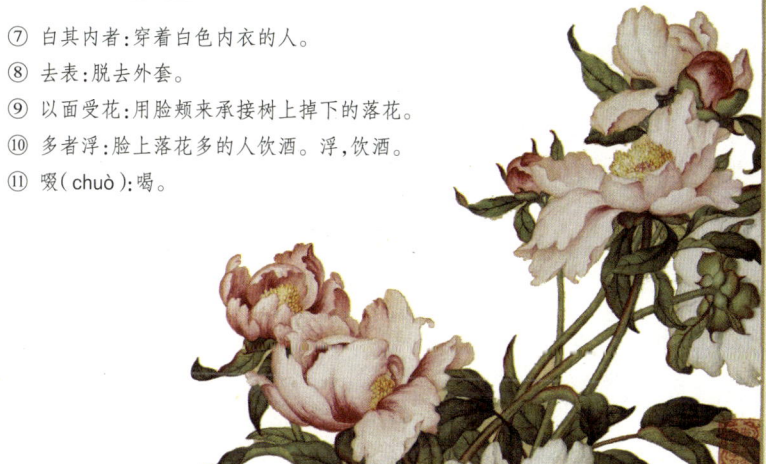

译文

　　寒食节后，下了一场雨，我说这场雨是专门为西湖冲刷春色的，应该赶紧向桃花告个别，不容再磨磨蹭蹭了。中午，雨过天晴，我邀几位朋友来到了第三桥，看到满地都是落花，已积有一寸多厚，游人稀少，我反而感到十分畅快。忽然，有一位穿着白绸衫的人骑着马跑过，天光映照着他的白色绸衫，光鲜艳丽，远超平常，看得我目眩。于是凡穿了白衫的朋

友都脱去了外衣,露出白色的内衣。过了一会儿,我们都有点疲倦,于是大家就往地下一卧,躺着喝酒,各自用脸承接落下的桃花,谁脸上接的落花多,就让他喝酒,谁接的少,就让他唱歌,大家用这个规则欢娱取乐。忽然有一只小艇从花丛中驶出,我们把小艇招呼过来,原来是给游人送茶的寺僧。我们每人都喝了一杯茶,随后就划着船,放声歌唱着回家了。

金山①夜戏

明末清初·张岱

崇祯二年中秋后一日②,余道镇江往兖③。日晡④,至北固⑤,舣舟⑥江口。月光倒囊入水,江涛吞吐,露气吸之,噀⑦天为白。余大惊喜。移舟过金山寺,已二鼓矣。经龙王堂,入大殿,皆漆静⑧。林下漏月光,疏疏如残雪。余呼小傒⑨携戏具,盛张灯火大殿中,唱韩蕲王⑩金山及长江大战诸剧。锣鼓

---

① 金山:在今江苏镇江西北,金山寺位于此处。
② 崇祯二年:1629年。崇祯(1628—1644),明思宗朱由检的年号。
③ 兖(yǎn):兖州,在今山东西南部。
④ 晡(bū):古代的时刻名称,指申时,相当于现在的下午三点到五点。
⑤ 北固:北固山,在今江苏镇江北的长江边上,由前峰、中峰和后峰组成。
⑥ 舣(yǐ)舟:船停靠岸边。
⑦ 噀(xùn):喷水,喷吐。
⑧ 漆静:漆黑寂静。
⑨ 小傒(xī):指小奴仆,未成年的仆人。
⑩ 韩蕲(qí)王:韩世忠(1089—1151),字良臣,延安(今陕西绥德)人,两宋之际名将,与岳飞、张俊、刘光世并称为"中兴四将",死后被追封为蕲王。

喧阗⑪,一寺人皆起看。有老僧以手背挱眼翳⑫,翕然张口⑬,呵欠与笑嚏俱至。徐定睛,视为何许人,以何事何时至,皆不敢问。剧完,将曙,解缆过江。山僧至山脚,目送久之,不知是人、是怪、是鬼。

---

⑪ 喧阗(tián):形容声音大而杂,喧哗,热闹。
⑫ 挱(shā):揉。翳(yì):眼翳,眼角膜上长出的一种妨碍视力的白斑。
⑬ 翕(xī)然张口:嘴巴张得合不拢,形容目瞪口呆的样子。

译文

　　崇祯二年(1629)中秋节第二天,我经由镇江前往兖州。这天下午三四点,我抵达北固山,在江口靠岸停船。月光像从囊中倾泻出来似的,倒映于水中,江上波涛吞吐澎湃,江面露水蒸气弥漫,好像把天幕都喷染成了白色。我非常惊喜。船经过金山寺时都已经二更天了。路过龙王堂,进到大殿里,一切都是漆黑寂静的。树林里,从树缝里漏下皎洁的月光,疏疏落落像残雪一般。我喊小仆人把戏服道具拿过来,在大殿中大张旗鼓地点上明灯,演唱韩蕲王的金山以及长江

大战等多个剧目。锣鼓声喧嚣嘈杂,整个金山寺的人都起来观看。有个老和尚用手背揩拭着眼睛,看得目瞪口呆,呵欠声、欢笑声、打喷嚏声一起响起。他们慢慢定睛望过来,想看看我们是哪里的人,因何事情于何时到了这里,可是都不敢发问。剧目唱完后,天快要亮了,我们解开缆绳,渡江而去。金山寺的僧人们都跑到山脚下,久久地目送着我们,不知道我们是人、是神怪、还是鬼魂。

芙蕖（节选）

明末清初·李渔

群葩当令时，只在花开之数日，前此后此皆属过而不问之秋矣。芙蕖则不然：自荷钱①出水之日，便为点缀绿波；及其茎叶既生，则又日高日上，日上日妍。有风既作飘摇之态，无风亦呈袅娜之姿，是我于花之未开，先享无穷逸致矣。迨②至菡萏成花，娇姿欲滴，后先相继，自夏徂秋，此则在花为分内之事，在人为应得之资者也。及花之既谢，亦可告无罪于主人矣；乃复蒂下生蓬，蓬中结实，亭亭独立，犹似未开之花，与翠叶并擎，不至白露为霜而能事不已。此皆言其可目③者也。

---

① 荷钱：初生的荷叶，小如铜钱。
② 迨(dài)：等到，到，及。
③ 目：看，这里有观赏的意思。

译文

　　花的最佳观赏时节,只在花开的那几天,在此以前、以后都属于无人问津的时候。芙蕖就不是这样:自从荷叶出水那一天,便把水波点缀得一片碧绿;等到它的茎和叶长出,则又一天一天地高起来,一天比一天美丽。有风时就作出飘动摇摆的神态,没风时也呈现轻盈柔美的风姿,于是我在花未开的时候,便先享受它那无穷的逸致情趣了。等到花苞绽放,姿态娇嫩欲滴,花儿相继开放,从夏天一直开到秋天,这对于花来说是它的本性,对于人来说就是应该得到的享受了。等到花朵凋谢,也可以告诉主人说,没有对不住您的地方;于是又在花蒂下生出莲蓬,蓬中结了果实,一枝枝独立,还像未开的花一样,和翠绿的叶子一起挺然屹立在水面上,不到白露节下霜的时候,它所擅长的这种种本领就不会停止。以上都是说它适于观赏的方面。

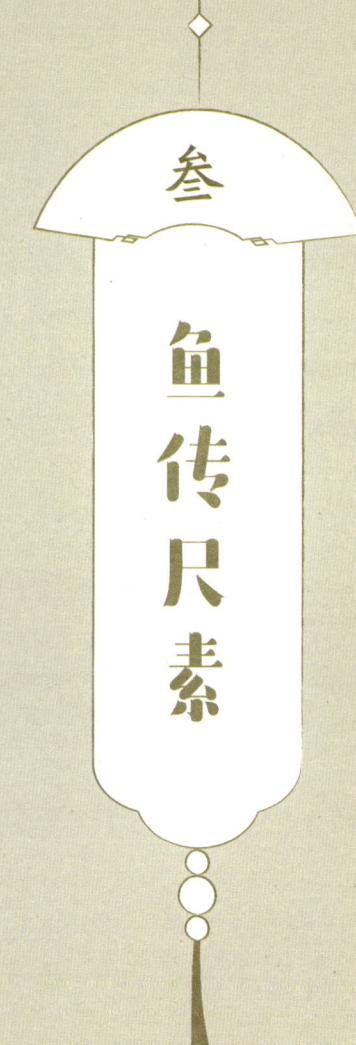

叁

鱼传尺素

诀别书

西汉·卓文君

　　春华竞芳,五色凌素①,琴尚在御②,而新声代故!锦水有鸳,汉宫有木,彼物而新,嗟世之人兮,瞀于淫而不悟③!
　　朱弦断,明镜缺,朝露晞,芳时歇,白头吟,伤离别,努力加餐勿念妾,锦水汤汤④,与君长诀!

---

① 五色凌素:绚丽色彩掩盖住原本洁白的颜色。凌:侵犯、欺压,在此作掩盖、遮住、占据之意。
② 御:使用。
③ 瞀(mào)于淫而不悟:沉迷于荒诞淫乱中不能醒。
④ 汤汤(shāng shāng):指水势浩大、水流很急的样子。

译文

　　春季,百花竞相吐艳,那绚丽色彩将素洁清雅的颜色都遮盖了,琴曲声传来,琴还是以前的琴,只是换了一首新曲子。锦江上有结伴嬉戏的鸳鸯,汉宫里有枝条相交错的树木,这些草木动物,都不曾离弃过伴侣,可是这世上的人啊,却喜新厌旧,沉迷于荒诞淫乱中不能醒。

　　琴弦已断,镜子已残缺,清晨的露水已蒸发,最美好的时节已过去,写了《白头吟》,原来是为离情而伤悲,希望郎君您每日安心用餐,不必挂念妾身,妾身我对着滚滚的锦江发誓,此后与郎君再不相见,永远诀别!

又报嘉书

东汉·徐淑

　　既惠①音令②,兼赐诸物,厚顾殷勤,出于非望③!镜有文彩之丽,钗有殊异之观,芳香既珍,素琴益好。惠异物于鄙陋④,割所珍以相赐,非丰恩之厚,孰肯若斯?

　　览镜执钗,情想仿佛;操琴咏诗,思心成结。敕以芳香馥身,喻以明镜鉴形,此言过矣,未获我心也。昔诗人有"飞蓬"

---

① 惠:惠赐,惠赠。
② 音令:美好的语言。此指书信,即秦嘉《重报妻书》。令,美、善。
③ 非望:不敢奢望。
④ 鄙陋:自谦之词。

之感⑤,班婕妤有"谁荣"之叹⑥。素琴之作,当须君归;明镜之鉴,当待君还。未奉光仪⑦,则宝钗不设也;未侍帷帐,则芳香不发也。

⑤ "飞蓬"之感:《诗经·卫风·伯兮》有"自伯之东,首如飞蓬"之句,意思是女子自丈夫外出就懒得梳妆以致头发如蓬草。
⑥ 班婕妤有"谁荣"之叹:婕妤为汉时后妃名号,班婕妤乃班固之祖姑,汉成帝初即位时入宫立为婕妤,后赵飞燕姊妹得宠,她恐久见危,自请供养皇太后。其《自悼赋》中有"君不御兮谁为荣"之叹。谁荣,为谁荣,为谁打扮。
⑦ 光仪:人之仪表的敬称。

译文

　　承蒙你寄来美好的书信，赠我种种物品，你对我深厚的恩爱之情和思恋之意，实在是超出了我的奢望！你送我的明镜花纹鲜艳、光彩照人，宝钗外观独特、色彩绚丽，香料也弥足珍贵，不过这些都比不上你把自己随身常弹的琴赠予我。送给我奇珍异宝，又把心爱之物割舍给我，如果不是情深意重，谁又愿意这样做呢？

　　对着镜子手握宝钗，思念的心情让我神情恍惚；拨弄琴弦低吟诗歌，想念的心结让我郁郁不安。你信中告诉我可以用香料让身体馥郁芬芳，又告诉我可以用明镜照影，这就是你不懂我的心了。从前有个女诗人就曾发出过"自伯之东，首如飞蓬"的感叹，班婕妤也曾作出过"君不御兮谁为荣"的感慨。素琴，一定会等到你回来之后再弹；对着明镜梳妆打扮，也必等到你回来之时。如果你不在我身边，那么我不会将宝钗戴在头上；如果不能和你形影相随，我就不愿让自己满身芬芳。

鱼传尺素

诫子书

三国·诸葛亮

　　夫君子之行,静以修身,俭以养德。非淡泊①无以明志,非宁静无以致远②。夫学须静也,才须学也,非学无以广才,非志无以成学。淫慢③则不能励精,险躁④则不能治性⑤。年与时驰,意与日⑥去,遂成枯落⑦,多不接世⑧,悲守穷庐,将复何及!

---

① 淡泊:清静而不贪图功名利禄。
② 致远:实现远大目标。
③ 淫慢:漫不经心,放纵懈怠。
④ 险躁:轻薄浮躁,与上文"宁静"相对而言。
⑤ 治性:修养性情。
⑥ 日:时间。
⑦ 枯落:凋落,衰残,此指像枯叶一样飘零,形容人韶华逝去。
⑧ 多不接世:大多对社会没有任何贡献。接世,接触社会,承担事务,对社会有益。

译文

　　君子的行为操守,以静思反省来提高自身的修养,以节俭来培养自己的品德。不恬静寡欲无法明确志向,不排除外来干扰无法达成远大目标。学习必须静心专一,才干来自学习,所以不学习就无法增长才干,没有志向就无法使学习有所成就。放纵懒散就无法振奋精神,轻薄浮躁就不能陶冶性情。年华随时光而流逝,意志随着时日消磨,最终枯败零落,大多对社会没有任何贡献,只能悲哀地坐守着那穷困的居舍,其时悔恨又怎么来得及!

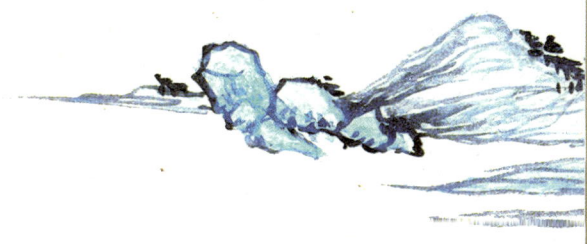

与朝歌令吴质书

三国·曹丕

每念昔日南皮之游,诚不可忘。既妙思六经①,逍遥百氏。弹棋间设,终以六博。高谈娱心,哀筝顺耳。驰骋②北场,旅食③南馆。浮甘瓜于清泉,沉朱李于寒水④。白日既匿⑤,继以朗月。同乘并载,以游后园。舆轮徐动,参从无声,清风夜起,悲笳微吟。乐往哀来,怆然伤怀。余顾而言:"斯乐难常。"足下之徒,咸以为然。今果分别,各在一方。元瑜⑥长逝,化为异物⑦,每一念至,何时可言!

---

① 六经:儒家的六部经典,《诗》《书》《礼》《乐》《易》《春秋》,总称"六经"。
② 驰骋:奔驰,此处指游猎。
③ 旅食:寄人篱下,此处指游乐、食宿。
④ 沉朱李于寒水:将李子浸在冰水里,指夏天消暑的生活。
⑤ 匿:藏,指太阳下山。
⑥ 元瑜:阮瑀,字元瑜,"建安七子"之一,卒于建安十七年(212)。
⑦ 异物:指人死后存在的状态。

方今蕤宾纪时⁸,景风扇物⁹,天气和暖,众果具繁。时驾而游,北遵河曲。从者鸣笳以启路,文学托乘⁽¹⁰⁾于后车。节同时异⁽¹¹⁾,物是人非,我劳⑫如何?今遣骑到邺,故使枉道相过。行矣自爱⑬。丕白。

---

⑧ 蕤(ruí)宾纪时:指五月。蕤宾,古乐十二律之一,为农历五月的别称。
⑨ 景风:南风,夏天的风。扇物,促使万物生长。
⑩ 文学:官名,一般由擅长文词和有学问的人担任,此指王粲、徐幹等。托乘,跟随着乘车。托,依附。
⑪ 节同时异:季节相同而时间不同。指曹丕此时的出游和以前与吴质同游,季节都在五月,但时间已经过去了。
⑫ 劳:忧愁思念之苦。
⑬ 行矣自爱:祝福语,犹如今之"请多保重"之类。

译文

　　常常想起在南皮同游的那些日子,实在是难以忘怀。我们钻研六经,探讨百家。时而弹棋,时而博弈。高谈阔论,逍遥快乐,欣赏柔美悲凄的筝曲,悦耳娱心。奔走于城北的猎场,就餐于城南的馆驿。在清泉里漂洗甜瓜,在寒水中沉浸朱李。太阳落了山,明月又升起在天空。我们乘坐着同一辆车子,到后园去游玩。车轮徐徐滚动,随从寂静无声,夜风轻轻吹来,胡笳低低奏鸣。兴高采烈之后,又感到一阵悲哀凄凉。当时我回过头来,看了周围一眼说:"这样的快乐,是难以长久的啊!"你们都认为我说得不错。现在果然分别,各

在一方。元瑜已经去世,化为泥土。每想到这里,不知何时可以与你们相对而谈!

  现今正是五月,南风吹拂着万物,天气和暖,各种水果都已经成熟。趁着时令驾车出游,向北沿着黄河河岸行驶。随从吹着胡笳在前面开路,王粲、徐幹等人乘着车辆跟随在我的车后。节令相同,而时代已经不同;风景相似,而人事全非。我的忧愁思念之苦怎能消释?现在我派遣使者到邺城去,特地令他绕道去看望你。希望你珍重。曹丕致言。

与支遁书

东晋·谢安

　　思君日积,计辰倾迟①。知欲还剡②自治③,甚以怅然。人生如寄耳,顷风流得意之事,殆为都尽。终日戚戚,触事惆怅,唯迟④君来,以晤言消之,一日当千载耳。此⑤多山县,闲静,差可养疾,事不异剡,而医药不同。必思此缘,副⑥其积想⑦也。

---

① 倾迟:殷切期待,数着日子盼望。
② 剡(shàn):会稽郡有剡县,在今浙江省嵊州市西南。
③ 自治:修养自身的德性。
④ 迟:等待。
⑤ 此:指浙江吴兴。
⑥ 副:相称,符合,引申为满足。
⑦ 积想:积久的思虑、想望。

译文

对您的思念与日俱增,我时时刻刻都在盼望您的到来。得知您想要自己回到剡溪去调养,因而感到十分惆怅。人生像过客,寄寓在天地之间,从前游乐的那种潇洒快意,现在几乎荡然无存。整日都是忧愁悲哀,感事伤怀,只希望您能来此,见见面叙叙旧,以消除我的烦忧,哪怕只能如此开心地过一天,真是胜过苦度千年。我这里是多山之县,非常悠闲宁静,是个比较适合养病的地方,来到这里养病,回剡溪也是养病,只不过是两地的医与药有所区别。请您务必顾念我们的缘分,来满足我长期以来的愿望。

与顾章书

南朝梁·吴均

仆去月谢病,还觅薜萝①。梅溪②之西,有石门山者。森壁争霞③,孤峰限日;幽岫④含云,深溪蓄翠。蝉吟鹤唳,水响猿啼,英英⑤相杂,绵绵成韵。既素重幽居,遂葺宇其上。幸富菊花,偏饶竹实⑥。山谷所资,于斯已办。仁智所乐,岂徒语哉!

---

① 薜(bì)萝:薜荔和女萝,皆为香草。借指隐者所居之处。
② 梅溪:山名,在今浙江安吉境内。
③ 森壁争霞:众多峭壁和云霞比高低。森,众多的样子。
④ 幽岫:幽深的山穴。
⑤ 英英:同"嘤嘤",声音和盛之貌。
⑥ 竹实:竹米,竹子开花后所结的果实,可以食用,传说为凤凰的食物。菊花、竹实都是隐士的食物,这里指山中的物产。

译文

  我上个月因病辞官,回到家乡寻访适宜隐居的地方。在梅溪山的西面,见到石门山。只见山崖森严,上有彩霞缭绕,孤峰耸峙,几乎遮蔽了太阳;仰望白云聚在山腰,宛如素练,俯视碧水蓄于溪中,又似翡翠。山中蝉在吟唱,鹤在鸣叫,又有潺潺水声伴着几声猿啼,送入耳际,这大自然交汇而成的乐章,在山间久久回响,绵绵不绝。我历来喜爱生活在清新幽静山水之间,于是在山上盖了茅舍,作为隐居之所。有幸的是山中有秋菊,又多竹实。隐居在山谷中所必备的生活用物,此地全都具备了。孔子说:"智者乐水,仁者乐山。"难道只是空话吗?

山中与裴秀才迪书

唐·王维

近腊月下,景气和畅,故山殊可过①。足下方温经,猥②不敢相烦,辄便往山中,憩感配寺,与山僧饭讫而去。

北涉玄灞,清月映郭。夜登华子冈③,辋水沦涟,与月上下。寒山远火,明灭林外。深巷寒犬,吠声如豹。村墟夜舂④,复与疏钟相间。此时独坐,僮仆静默,多思曩昔⑤携手赋诗,步仄径⑥,临清流也。

---

① 过:过访、游览。
② 猥(wěi):鄙贱。自谦之词。
③ 华子冈:王维辋川别业中的一处胜景。
④ 夜舂(chōng):晚上用白杵捣谷的声音。舂,这里指捣米,即把谷物放在石臼里捣去外壳。
⑤ 曩(nǎng)昔:从前。
⑥ 仄径:狭窄的小路。

当待春中,草木蔓发,春山可望,轻鲦⁷出水,白鸥矫翼,露湿青皋⁸,麦陇朝雊⁹。斯之不远,倘⁽¹⁰⁾能从我游乎?非子天机清妙⁽¹¹⁾者,岂能以此不急之务相邀。然是中有深趣矣!无忽⁽¹²⁾。

　　因驮黄檗人往⁽¹³⁾,不一⁽¹⁴⁾。山中人王维白。

---

⑦ 轻鲦(tiáo):身体狭长,游动轻捷。
⑧ 青皋:绿草如茵的河岸。皋,水边高地。
⑨ 朝雊(gòu):早晨野鸡鸣叫。雊,野鸡鸣叫。
⑩ 倘:通"倘",果真,如果。
⑪ 天机清妙:性情高远。天机,天性。清妙,清远高妙,指思想情趣超尘拔俗,与众不同。
⑫ 无忽:不可疏忽错过。
⑬ 因驮黄檗(bò)人往:借驮黄檗的人前往之便带这封信。因,趁。黄檗,一种落叶乔木。
⑭ 不一:书信的套语,表示信写得匆忙,来不及一件一件地叙说。

译文

时光已接近腊月末,景色秀丽,天气和畅,您过去曾住过的这座山确实很值得回来看一看。我知道您正在温习经书,仓促间不敢随便打扰您,就自己到了山中,在感配寺稍事休息了一会,与寺中的僧人一起吃了饭才离开那里。

我向北渡过碧绿的灞水,只见一轮明月映照着蓝田县的城郭。摸黑登上华子冈,辋川的流水在月色下粼粼闪烁,相映成辉。寒山中远远的灯火,忽明忽暗,在林外看得很清楚。深巷院落的狗叫声,就像是豹子吼叫一般。村子里夜间舂米的声音,与寺庙里稀疏的钟声相杂。在这样的环境下独自静坐,跟来的僮仆已入睡,令我油然想起从前您和我携手赋诗,

在小径间漫步，在清澈的流水旁伫立的情景。

等到了仲春二月，草木发芽，山色一片新绿，鱼儿游上水面，白鸥展翅高飞，露水湿润了绿色的河岸地面，麦田里早晨野鸡鸣叫。这样的日子已经没有多远了，不知您到时能否和我一起游赏？要不是您性情高远，我哪里能用游山玩水的闲事相邀？不过游山玩水的确是极富情趣啊！您不可疏忽错过。

借驮黄檗的人前往之便带这封信给你，来不及一一细说。山中人王维亲书。

与元九书(节选)

唐·白居易

仆始生六七月时,乳母抱弄于书屏下,有指"无"字"之"字示仆者,仆虽口未能言,心已默识;后有问此二字者,虽百十其试,而指之不差。则仆宿昔之缘,已在文字中矣。及五六岁便学为诗,九岁谙识声韵。十五六始知有进士,苦节①读书。二十已来,昼课②赋,夜课书,间③又课诗,不遑寝息矣。以至于口舌成疮,手肘成胝④,既壮而肤革不丰盈,未老而齿发早衰白,瞀瞀然⑤如飞蝇垂珠在眸子中也,动以万数。盖以苦学力文之所致,又自悲矣。

---

① 苦节:刻苦。
② 课:学习。
③ 间:有时候。
④ 胝(zhī):茧子。
⑤ 瞀(mào)瞀然:形容眼睛昏花。

译文

　　我在出生六七个月的时候,被奶妈抱在字画下面玩耍,有人指"之"字和"无"字让我看,我虽然口不会说,却默默记在心里;以后有人问这两个字,即使试验一百次,我也能准确地指出来。可以看出我前生的缘分,已经在文字中了。到了五六岁便学习写诗,九岁已懂得声韵。十五六岁开始知道有"进士"这条出路,更刻苦读书。二十岁以后,白天学习赋,晚上读书,有时也学习诗歌,顾不得睡觉休息。以至于口舌磨起疮,手肘磨起茧,到了壮年,肌肤粗糙黯淡没有气色,还未衰老却牙齿松动、头发花白,两眼昏花如苍蝇在眼中乱飞、珠子在眼中摇晃,一动似乎有上万只。这都是刻苦学习和努力创作所致啊,谈起来自己也感到悲哀。

寄钱牧斋书

明末清初·柳如是①

古来才子佳妇,儿女英雄,遇合甚奇,终始不易。如司马相如之遇文君②,如红拂之归李靖③,心窃慕之。

自悲沦落,堕入平康④。每当花晨月夕,侑酒征歌之时,亦不鲜少年郎君,风流学士,绸缪缱绻,无尽无休。但是事过情移,便如梦幻泡影,故觉味同嚼蜡,情似春蚕。年复一年,因服饰之奢糜,食用之耗费,入不敷出,渐渐债负不赀⑤,交游淡

---

① 柳如是(1618—1664):吴江(今属江苏)人,明末名妓,后为钱谦益(号牧斋)妾。善书画,工诗,风格幽怨婉丽,有《柳如是诗》。
② 司马相如之遇文君:《史记·司马相如传》载汉临邛大富商卓王孙女文君,寡居在家,好音。司马相如以琴心挑之,文君夜奔相如,同归成都。因家贫又返临邛,与相如卖酒,卓王孙深以为耻,分财产与之,使回成都。
③ 红拂之归李靖:相传隋末李靖以布衣谒越国公杨素,杨侍婢罗列,中有一执红拂者,貌美,深情瞩目李靖。李归旅店,夜五更,红拂来投,两人相与奔归太原。
④ 平康:指妓院。唐代长安的平康坊,是教习乐伎的教坊所在,后用作妓院的代称。
⑤ 赀(zī):计算。

薄。故又觉一身躯壳以外，都是为累，几乎欲把八千烦恼丝割去，一意焚修，长斋事佛。

　　自从相公辱临寒家，一见倾心，密谈尽夕。此夕恩情美满，盟誓如山，为有生以来所未有，遂又觉入世尚有此生欢乐。复蒙挥霍万金，始得委身，服伺朝夕。春宵苦短，冬日正长。冰雪情坚，芙蓉帐暖；海棠睡足，松柏耐寒。此中情事，十年如一日。

　　不意河山变迁，家国多难⑥。相公勤劳国家，日不暇给。奔走北上，跋涉风霜。从此分手，独抱灯昏。妾以为相公富贵已足，功业已高，正好偕隐林泉，以娱晚景。江南春好，柳丝牵舫，湖镜开颜。相公徜徉于此间，亦得乐趣。妾虽不足比文君、红拂之才之美，藉得追陪杖履，学朝云⑦之侍东坡，了此一生，愿斯足矣。

------

⑥ 不意河山变迁，家国多难：此句意指清兵入主中原。
⑦ 朝云：宋苏东坡之妾，姓王，钱塘（今浙江杭州）人。轼贬惠州，云相随，后卒于惠州。

译文

　　自古以来,才子佳人、英雄儿女,能碰到一块儿的很少,善始善终就更难了。比如司马相如遇见卓文君,比如红拂嫁给李靖,这样的好事让我暗自羡慕。

　　我悲叹自己沦落风尘的身世。那些花好月圆、对酒欢歌、凤舞鸾歌的日子,也有不少少年郎君、风流学士,缠绵缱绻,无尽无休。但这些人都是事过情移,就好像梦幻泡影,让我觉得味同嚼蜡,情似春蚕。年复一年,穿金戴银的奢靡,肉山酒海的耗费,终究是入不敷出,资不抵债,慢慢地也就门前冷落起来。这又让我觉得一身躯壳以外,都是负累,几乎想把这八千烦恼丝全部割去,一心焚修,长斋事佛。

　　自从相公您屈尊来到我家,我们彼此一见倾心,彻夜长谈。那一晚的恩情美满,盟誓如山,是我有生以来从未有过的经历,让我又能感受到人世间还有此生的欢乐。后来您挥

　　霍万金为我赎身,让我能嫁给您,日夜服侍您。冬日正长,春宵苦短。冰雪情坚,芙蓉帐暖;海棠睡足,松柏耐寒。我们在一起的这些美好情景,十年如一日。

　　没想到河山变迁,家国多难。相公您操劳国事,日不暇给。又跋涉风霜,奔走北上京城。你我从此分手,害得我独抱灯昏。我觉得,相公您的财富已经足够多了,功名已经足够高了,现在正好是你我一起归隐山林、享受晚年的时候。眼下江南春好,柳丝牵动着画舫,湖面的冰已经融化。相公您徜徉于这风景之中,也能得到乐趣。我虽然才华和容貌比不过卓文君和红拂,但如果您回来了,我也可以像无论如何被贬始终都侍奉着苏东坡的王朝云那样,陪伴在您的身旁,就这样度过一生,我就满足了。

鱼传尺素

肆

思念绵长

金瓠哀辞①

三国·曹植

金瓠,予之首女,虽未能言,固已授色知心②矣。生十九旬③而夭折,乃作此辞。辞曰:

在襁褓④而抚育,向孩笑而未言。不终年而夭绝,何见罚⑤于皇天。信吾罪之所招,悲弱子之无愆⑥。去父母之怀抱,灭微骸于粪土。天地长久,人生几时?先后无觉,从尔有期⑦。

---

① 金瓠(hù):曹植长女,卒于建安十八年(213)。哀辞:古代的一种文体,以哀痛为主,缘以叹息之辞。本哀辞乃曹植哀悼亡女之作,抒发了作者痛失爱女的悲痛心情。
② 授色知心:察人脸色,识人情绪。
③ 旬:十天为一旬,十九旬即一百九十天,六个多月。
④ 襁褓:包裹婴孩的被子和带子。
⑤ 见罚:被罚,受罚。
⑥ 愆(qiān):罪过。
⑦ 先后无觉,从尔有期:这两句是说,人对死亡时间的先后虽然不能知晓,但死亡是有定期的。觉,知。从尔,随你而去,意指死亡。

译文

　　金瓠,是我的长女,她虽然还不会说话,但已能察觉大人的脸色,识别他们的情绪。她出生才一百九十天就夭折了,我心痛难当,于是写下了这篇哀辞:

　　我可爱的孩子在襁褓中被细心抚育,她只会嬉笑耍闹,还不能言语。为什么她要受到上天残忍的责罚,她还不满一岁,却必须这样死去?一定是我的罪过所招致的,有罪的是我,为什么给无辜的孩子报应?就这样永远地离开父母的怀抱,黄泉下她小小的身体,渐渐化成泥土。无情的天地长久得没有极限,短暂人生又能蹉跎几个年头?死亡的先后人们无从知晓,心如死灰的我也快要随你而去。

柳子厚墓志铭(节选)

唐·韩愈

其①召至京师而复为刺史也,中山刘梦得禹锡②亦在遣中,当诣播州③。子厚泣曰:"播州,非人所居,而梦得亲在堂④,吾不忍梦得之穷,无辞以白⑤其大人,且万无母子俱往理。"请于朝,将拜疏⑥,愿以柳⑦易播,虽重得罪,死不恨。遇有以梦得事白上者,梦得于是改刺连州⑧。呜呼!士穷乃见⑨节义。

---

① 其:指代柳宗元。柳宗元,字子厚。柳宗元曾与刘禹锡等参加革新运动,失败后被贬为永州司马,后被召回,又被贬为柳州刺史。
② 禹锡:刘禹锡,字梦得,中唐著名诗人。
③ 播州:今贵州遵义一带。
④ 亲在堂:指老母亲还活着。
⑤ 白:说,告诉。
⑥ 拜疏:上书皇帝。
⑦ 柳:今广西柳州一带。
⑧ 连州:今广东连州市一带。
⑨ 见:同"现"。如《敕勒川》:"风吹草低见牛羊。"

译文

　　柳宗元被召到京师,又被派遣为柳州刺史的时候,中山人刘禹锡也在被派遣的人员之中,应当前往播州就任。柳宗元哭着说:"播州不是人居住的地方,何况梦得家里又有老母亲,我不忍心看到梦得的困窘,无法禀告和宽慰老人,况且无论怎么说也没有母亲和儿子一道被贬到荒远之地的道理。"他准备到朝廷请求,给皇帝上书,愿意把自己要去的柳州与刘禹锡要去的播州对换,即使因此再次获罪,也死而无憾。恰好遇上有人将梦得的情况禀奏皇上,梦得因此而被改任为连州刺史。看啊,人在困境中才能看出节操来!

祭十二郎文（节选）

唐·韩愈

（一）

呜呼！吾少孤①，及长，不省所怙②，惟兄嫂是依。中年兄殁南方③，吾与汝俱幼，从嫂归葬河阳④。既又与汝就食江南⑤，零丁孤苦，未尝一日相离也。吾上有三兄⑥，皆不幸早世。承

---

① 孤：幼年丧父称"孤"。《新唐书·韩愈传》："愈生三岁而孤，随伯兄会贬官岭表。"
② 怙（hù）：《诗经·小雅·蓼莪》："无父何怙？无母何恃？"怙，依靠。所怙，指所依靠的父亲（其实也包括母亲）。
③ 中年兄殁（mò）南方：778年，韩愈的兄长韩会逝于韶州，正当中年。时韩愈十一岁，随兄在韶州。
④ 河阳：今河南孟州西，是韩氏祖坟所在地。
⑤ 就食江南：唐德宗建中二年（781），北方藩镇李希烈反叛，中原局势动荡，韩愈随嫂迁家避居宣州（今安徽宣城）。
⑥ 三兄：指韩会、韩介，还有一位死时尚幼，未及命名。

先人⁷后者,在孙惟汝,在子惟吾。两世一身⁸,形单影只。嫂尝抚汝指吾而言曰:"韩氏两世,惟此而已!"汝时尤小,当不复记忆;吾时虽能记忆,亦未知其言之悲也。

⑦ 先人:指已去世的父亲韩仲卿。
⑧ 两世一身:子辈和孙辈均只剩一个男丁。

译文

　　唉！我自幼丧父，长大了，也不知道父亲是什么模样，只有依靠兄嫂抚养。哥哥正当中年时，就因与犯罪的宰相关系密切而受牵连被贬为韶州刺史，次年逝于韶州。我和你都还小，跟随嫂嫂把灵柩送回河阳老家安葬。随后又和你到江南谋生，孤苦伶仃，一天也未曾分开过。我上面本来有三个哥哥，都不幸早死。继承先父的后代，在孙子辈里只有你，在儿子辈里只有我。韩家子孙两代各剩一人，孤孤单单。嫂子曾经抚摸着你的头对我说："韩氏两代，就只有你们两个了！"那时你比我更小，当然不记得了；我当时虽然能够记事，但也还不能体会她话中的悲凉。

（二）

呜呼！其信然邪？其梦邪？其传之非其真邪？信也，吾兄之盛德而夭其嗣乎？汝之纯明①而不克②蒙③其泽乎？少者强者而夭殁，长者衰者而存全乎？未可以为信也！梦也，传之非其真也，东野之书，耿兰④之报，何为而在吾侧也？呜呼！其信然矣！吾兄之盛德而夭其嗣矣，汝之纯明宜业⑤其家者，不克蒙其泽矣。所谓天者诚难测，而神者诚难明矣。所谓理者不可推，而寿者不可知矣。

---

① 纯明：纯正明智。
② 不克：不能。
③ 蒙：承受、蒙受。
④ 耿兰：宣州韩氏别业的仆人。十二郎死后，孟郊在溧阳写信告诉韩愈，当时耿兰也曾报丧。
⑤ 业：动词，继承……的事业。

译文

　　唉!是真的这样呢?还是在做梦呢?还是这传来的消息不可靠呢?如果是真的,那么为什么我哥哥有那么美好的品德反而早早地绝后了呢?你那么纯正聪明反而不能承受他的恩泽呢?难道年轻强壮的反而要早早死去,年老衰弱的却应活在世上吗?实在不敢把它当作真的啊!如果是梦,传来的噩耗不是真的,可是东野的来信,耿兰的报丧,却又为什么在我身边呢?啊!大概是真的了!我哥哥有美好的品德竟然早早地失去后代,你纯正聪明,本来是应该继承家业的,现在却不能承受你父亲的恩泽了。这正是所谓苍天确实难以揣测,而神意实在难以知道了。正所谓天理不可推求,而寿命的长短无法预知。

（三）

　　呜呼！汝病吾不知时,汝殁吾不知日,生不能相养以共居,殁不能抚汝以尽哀①,敛②不凭其棺,窆③不临其穴。吾行负神明,而使汝夭;不孝不慈,而不得与汝相养以生,相守以死。一在天之涯,一在地之角,生而影不与吾形相依,死而魂不与吾梦相接,吾实为之,其又何尤④！彼苍者天,曷其有极⑤！自今已往,吾其无意于人世矣！当求数顷之田于伊、颍⑥之上,以待余年。教吾子与汝子,幸其成⑦;长吾女与汝女,待其嫁,如此而已。

　　呜呼,言有穷而情不可终,汝其知也邪？其不知也邪？呜呼哀哉！尚飨⑧！

---

① 抚汝以尽哀:指抚尸痛哭。
② 敛:同"殓"。为死者更衣称小殓,尸体入棺材称大殓。
③ 窆(biǎn):下棺入土。
④ 何尤:怨恨谁!
⑤ 彼苍者天,曷其有极:青苍的上天啊,我的痛苦哪有尽头啊！语本《诗经·唐风·鸨羽》:"悠悠苍天,曷其有极。"
⑥ 伊、颍:伊水和颍水,均在今河南境内。此指故乡。
⑦ 幸其成:韩昶后来中穆宗长庆四年进士。韩湘后来中长庆三年进士。
⑧ 尚飨(xiǎng):古代祭文结语用词,意为希望死者享用祭品。

译文

唉！你患病我不知道时间，你去世我不知道日子，活着的时候不能住在一起互相照顾，死的时候没有抚尸痛哭，入殓时没在棺前守灵，下棺入葬时又没有亲临你的墓穴。我的行为辜负了神明，才使你这么早死去，我对上不孝，对下不慈，既不能与你相互照顾着生活，又不能和你一块死去。一个在天涯，一个在地角。你活着的时候不能和我形影相依，死后魂灵也不在我的梦中显现，这都是我造成的灾难，又能怨恨谁呢！青苍的上天啊，我的悲痛哪里有尽头呢！从今以后，我已经没有心思奔忙在世上了！还是回到老家去置办几顷地，度过我的余年。教养我的儿子和你的儿子，希望他们成才；抚养我的女儿和你的女儿，等到她们出嫁，我的心愿如此而已。

唉！话有说完的时候，而哀痛之情却不能终止，你知道呢？还是不知道呢？悲哀啊！你要享用祭品啊！

祭小侄女寄寄文

唐·李商隐

正月二十五日,伯伯以果子、弄物招送寄寄①体魄归大茔②之旁。

哀哉!尔生四年,方复本族③。既复数月,奄然归无④。于鞠育而未深,结悲伤而何极!来也何故,去也何缘?念当稚戏之辰,孰测死生之位!

时吾赴调⑤京下,移家关中,事故纷纶,光阴迁贸⑥,寄瘗⑦

---

① 寄寄:李商隐弟弟的女儿。四岁时夭折,初葬于济源(今属河南省)。会昌四年(844)正月,李商隐将其墓迁到祖坟所在的荥阳(今河南郑州)檀山,并作此祭文。
② 大茔(yíng):祖坟。
③ 方复本族:才回到自己的家族。
④ 归无:归于虚无,指死。
⑤ 赴调:去听候调职。
⑥ 迁贸:移动改变。
⑦ 寄瘗(yì):临时埋葬。

尔骨,五年于兹。白草枯荄⑧,荒途古陌,朝饥谁饱?夜渴谁怜?尔之栖栖⑨,吾有罪矣!

今我仲姊,反葬有期。遂迁尔灵,来复先域。平原卜穴⑩,刊石书铭⑪。明知过礼⑫之文,何忍深情所属!自尔殁后,侄辈数人,竹马玉环⑬,绣襜⑭文褓⑮。堂前阶下,日里风中,弄药争花,纷吾左右。独尔精诚,不知所之。况吾别娶⑯已来,

---

⑧ 白草:指枯草。枯荄(gāi):干枯的草根。
⑨ 栖栖:心神不安定的样子。
⑩ 卜穴:占卜埋棺的地方。
⑪ 刊石书铭:刻石碑书写墓志铭。
⑫ 过礼:超越礼制的规定。按礼制,幼儿不应刊石书铭,所以说"过礼"。
⑬ 竹马玉环:皆儿童玩具,以竹竿当马骑。
⑭ 绣襜(chān):绣花的短衣。
⑮ 文褓:有花纹的褓被,用以裹覆小儿。
⑯ 别娶:续娶。开成三年(838),李商隐与泾原节度使王茂元女儿结婚。

胤⁰未立。犹子⁰之谊,倍切他人。念往抚存,五情空热⁰。

呜呼!荥水之上,檀山之恻。汝乃曾乃祖,松槚森行;伯姑仲姑,冢坟相接。汝来往于此,勿怖勿惊。华彩衣裳,甘香饮食。汝来受此,无多无少⁰。

汝伯祭汝,汝父哭汝,哀哀寄寄,汝知之耶?

---

⑰ 胤(yìn)绪:子孙后代,继嗣。
⑱ 犹子:侄子。《礼记·檀弓上》:"兄弟之子,犹子也。"后世因此称侄子为犹子。
⑲ 五情空热:五内俱热。空,尽,都。
⑳ 无多无少:无论多少。以自己满足为准,别管多少。

思念绵长

译文

　　正月二十五日,伯伯用瓜果、玩具召唤寄寄的魂魄回归祖坟之旁。

　　伤心啊!你出生四年之后,才回到自己的家中。然而仅仅过了几个月,便逝去了。家人养育之情还没有很深,悲伤却已经到了极致!你为什么出生,又为什么死去?怀念你嬉戏的时候,奈何我们却都预测不了生死。

　　那时我去京都听候调职,移家到关中,世事纷纭,光阴迁移,临时埋葬你的遗骨,如今已经五年了。白草萋萋,荒凉的小路上,白天饿了,谁来喂饱你?夜晚渴了,谁来怜爱你?让你孤独不安,我有罪啊!

　　如今我的二姐,已经归返祖坟。于是也把你的魂灵迁葬至此。为你建造墓穴,写文作碑。明明知道这样违反了礼数,奈何实在对你一片疼爱之情。自从你逝去之后,侄子辈的几个人还小,在明月下玩着竹马,穿着绣花的短衣,裹覆着褓被,堂前阶下,日里风中,在我的左右玩耍吵闹。唯独你的灵魂,不知道去了哪里。况且我续弦以来,仍然没有子女。尤其对你的疼爱,更甚于他人。怀念往昔,抚摸着还在的你的同辈人,空有满腹的深情!

唉!荥水之上,檀山之侧。你曾祖父和祖父的坟上,松槚成行;你的大姑二姑,坟地相接。你在这里来来往往,不要恐怖惊讶。这些美丽的衣服、好吃的东西,你尽情享用吧,别管多少,一定要拿足啊。

我来祭奠你,你的父亲在哭送你。悲哀啊,寄寄,这些你都知道吗?

思念绵长

泷冈①阡表②（节选）

北宋·欧阳修

（一）

　　修不幸，生四岁而孤。太夫人③守节自誓④，居穷⑤，自力于衣食，以长以教⑥，俾⑦至于成人。太夫人告之曰：

　　汝父为吏廉，而好施与，喜宾客；其俸禄虽薄，常不使有余。曰："毋以是为我累。"故其亡也，无一瓦之覆、一垄之植以庇而为生。吾何恃而能自守耶？吾于汝父，知其一二，以

---

① 泷（shuāng）冈：地名，在江西省永丰县沙溪南凤凰山上。
② 阡表：墓表。阡，墓道。
③ 太夫人：指欧阳修的母亲郑氏。
④ 守节自誓：指郑氏决心守寡，不再嫁人。
⑤ 居穷：家境贫寒。
⑥ 以长以教：一边抚养一边教育他。
⑦ 俾（bǐ）：使达到某种程度。

有待于汝也。自吾为汝家妇,不及事吾姑⑧;然知汝父之能养也。汝孤而幼,吾不能知汝之必有立;然知汝父之必将有后也。吾之始归⑨也,汝父免于母丧⑩方逾年,岁时祭祀,则必涕泣,曰:"祭而丰,不如养之薄也。"间御酒食,则又涕泣,曰:"昔常不足,而今有余,其何及也!"吾始一二见之,以为新免于丧,适然耳。既而其后常然,至其终身,未尝不然。吾虽不及事姑,而以此知汝父之能养也。

---

⑧ 姑:丈夫的母亲,这里指欧阳修的祖母。
⑨ 始归:才嫁过来的时候。
⑩ 免于母丧:母亲死后,守丧期满。旧时父母或祖父母死,儿子与长房长孙要谢绝人事,做官的解除职务,在家守孝二十七个月(概称三年),也称守制。免,指期满。

译文

  我(欧阳修)实在是不幸,四岁时父亲就去世了。母亲立志守节,家境贫困,她靠自己的力量操持生活,还要抚养我、教育我,使我长大成人。母亲告诉我说:

  你父亲为官清廉,乐于助人,又爱结交朋友;他的薪俸微薄,常常所剩无几。说:"不要让金钱成为我的拖累!"因此他去世后,没有留下可赖以生存的家产。我靠什么守节呢?我对你父亲有所了解,因而把希望寄托在你身上。我成为你家媳妇的时候,没赶上侍奉婆婆;但我知道你父亲很孝敬父

母。你自幼失去父亲,我不能断定你将来有成就;但我知道你父亲一定后继有人。我刚出嫁时,你父亲为他母亲守孝期满刚一年,岁末祭祀祖先,他总是流着泪说:"祭祀再丰富,也不如生前的微薄奉养啊。"偶然吃些好的酒菜,他也会流泪说:"从前娘在时常常不够,如今富足有余,却无法让她尝到!"刚开始我遇到这种情形,还以为是刚服完丧不久才这样。后来却经常如此,直到他去世,没有不这样的。我虽然没来得及侍奉婆婆,可从这一点能看出你父亲很孝敬父母。

（二）

汝父为吏,尝夜烛治官书①,屡废而叹。吾问之,则曰:"此死狱也,我求其生不得②尔。"吾曰:"生可求乎？"曰:"求其生而不得,则死者与我皆无恨也；矧③求而有得耶,以其有得,则知不求而死者有恨也。夫常求其生,犹失之死,而世常求其死也。"回顾乳者抱汝而立于旁,因指而叹,曰:"术者谓我岁行在戌④将死,使其言然,吾不及见儿之立也,后当以我语告之。"其平居教他子弟⑤,常用此语,吾耳熟焉,故能详也。

---

① 官书：官府的文书。这里指刑狱案件。
② 求其生不得：指无法免除他的死刑。
③ 矧（shěn）：何况，况且。
④ 岁行在戌：指岁星运行到戌年。
⑤ 平居：平日。

其施于外事,吾不能知;其居于家,无所矜饰⑥,而所为如此,是真发于中者耶!呜呼!其心厚于仁者耶!此吾知汝父之必将有后也。汝其勉之!夫养不必丰,要于孝;利虽不得博于物,要其心之厚于仁。吾不能教汝,此汝父之志也。

　　修泣而志之⑦,不敢忘。

---

⑥ 矜饰:矜夸修饰。
⑦ 志:记住。

译文

　　你父亲做官时，曾经在夜里点着蜡烛审阅案卷，屡屡停下来叹息。我问他怎么了，他说："这个人是判了死刑的，我想救他却没有办法。"我问："可以为死囚找生路吗？"他说："我尽力为他寻找生路，如果不成，那么死者和我也就都没有遗憾了；况且我设法做些努力，没准儿还能让他不至于死，正因为这样做了有的人就会得以生存下来，所以我知道不替他们寻求活路就让他们去死的人是有遗憾的。就算经常尽量地为被判死罪的人寻求生路，仍然免不了有人被处死，何况世上的刑官狱吏大多是要置人于死地的呢！"他回头看见奶娘抱着你站在旁边，于是指着你叹气说："算命的说我遇上戌年就会死,假使他的话应验了,我就看不见儿子长大成人了,将来你要把我的话告诉他。"他也常常用这些话教育其他晚辈,我听惯了所以记得很清楚。他在外面怎么样,我不知道;但他在家里,从不矜夸修饰,他行事厚道,是发自内心的!唉!他是很重视仁义的啊!因此我就知道你父亲一定会有好的后代。你一定要努力啊!奉养双亲不一定要衣食丰厚,最重要的是要有孝心;做的事情虽然不能对所有人都有好处,但重要的是要有深厚的仁爱之心。我没什么可教你的,这些都是你父亲的心愿。

　　我(欧阳修)流着泪记下了这些教诲,时刻不敢忘记。

亡妻王氏①墓志铭

北宋·苏轼

（一）

治平二年②五月丁亥，赵郡苏轼之妻王氏卒于京师。六月甲午，殡③于京城之西。其明年六月壬午，葬于眉之东北彭山县安镇乡可龙里，先君、先夫人墓之西北八步。轼铭其墓曰：

君讳弗，眉之青神人，乡贡进士方之女。生十有六年而

---

① 王氏：王弗，四川省青神县乡贡士王方之女。宋仁宗至和元年（1054），东坡19岁，迎娶为妻，是为原配。
② 治平二年：治平，宋英宗年号。治平二年（1065），东坡三十岁。
③ 殡：入殓，还没有下葬。

归④于轼,有子迈。君之未嫁,事父母;既嫁,事吾先⑤君、先夫人,皆以谨肃⑥闻。其始,未尝自言其知书也。见轼读书,则终日不去,亦不知其能通⑦也。其后,轼有所忘,君辄能记之。问其他书,则皆略知之,由是始知其敏而静也。

---

④ 归:出嫁。
⑤ 先:用于称呼死去的人。
⑥ 谨肃:谨慎恭敬。
⑦ 通:懂得。

译文

在治平二年(1065)五月二十八日这一天,赵郡苏轼的妻子王氏于京师开封因病辞世。六月六日将灵柩停在京城的西门外。次年的六月壬午日,在眉州城东北彭山县的安镇乡可龙里把妻子下葬了,妻子的坟墓位于父亲和母亲坟墓的西北约有八步远的地方。我(苏轼)为她作墓志铭如下:

死者名讳王弗,是眉州青神县人,她父亲是乡贡进士王方。她在十六岁的时候就嫁给了我,为我生了儿子苏迈。

未出嫁之前，在家里她很孝顺父母；嫁给我之后，对我的父母也很孝顺，她的谨慎恭敬在当地是很有名声的。刚嫁来的时候，她没有告诉我自己认字。她见我读书，就坐在我的旁边，我不知道她是否懂得我读的书。后来，我读过的书偶尔有忘记的地方，她就会记得这些地方的内容。我问她一些书籍，她基本上都能记得大概，这件事以后我才知道她聪敏且文静。

（二）

　　从轼官于凤翔，轼有所为于外，君未尝不问知其详。曰："子去亲远，不可以不慎。"日以先君之所以戒轼者相语也。轼与客言于外，君立屏间听之，退必反覆①其言，曰："某人也，言辄持两端②，惟子意之所向，子何用与是人言？"有来求与轼亲厚甚者，君曰："恐不能久，其与人锐③，其去人必速。"已而果然。将死之岁，其言多可听，类④有识者。其死也，盖年二十有七而已。始死，先君命轼曰："妇从汝于艰难，不可忘

---

① 反覆：反复，重复，再三。
② 持两端：采取模棱两可的骑墙态度。
③ 锐：尖锐。此处可引申为苛刻之意。
④ 类：大多都如此。

也。他日,汝必葬诸其姑⑤之侧。"未期年而先君没,轼谨以遗令葬之,铭曰:

君得从先夫人于九泉,余不能。呜呼哀哉!余永无所依怙⑥。君虽没,其有与为妇何伤⑦乎。呜呼哀哉!

---

⑤ 姑:婆婆,指苏轼母亲程氏。
⑥ 怙(hù):依靠。
⑦ 何伤:有什么悲伤的呢。

译文

　　她陪同我去凤翔府做了签书判官,我经常外出办公事,每次回来她都详细询问我办事的情况。她还经常告诫我:"你在这人生地不熟的,办事一定要处处小心啊。"每天她告诫我的这些话我父亲也曾经告诫过我。我在外和朋友们说话的时候,她常常站在屏风后面仔细地听,等我回来她还能重复出我们说过的话。她说:"这个人,说话圆滑,总按你的意思来奉承,你哪里用得着跟他说话?"凡是求我办事的人来和我套近乎,她总告诫我:"恐怕不能长久。这个人为人苛刻,跟你好得快,恼得也快。"不久,她的看法果然被证实了。将要死的时候,她的话大多都很中肯,既有条理又有见识。

　　仅仅二十七岁她就告别了人间。在刚刚失去她的时候，我的父亲吩咐我说："你媳妇是和你一起同甘共苦的人，你不能忘了她啊。以后有机会，一定要把她埋葬在你母亲墓旁。"不到一年，我的父亲也离开了我，我（苏轼）遵照父亲的遗嘱把她安葬在我们家的墓地中，并写了铭文，内容如下：

　　你能在九泉之下跟随着咱们的母亲，我却没有这种机会。真是可悲啊！失去了你我就失去了永远的依靠。你虽然离开了我，但今生我能有幸娶你做妻子，你作为儿媳能够安葬在公婆身边，我也没有什么值得悲伤的了。真是好悲痛啊！

金石录后序(节选)

宋·李清照

（一）

余建中辛巳①，始归赵氏。时先君作礼部员外郎，丞相时作吏部侍郎，侯年二十一，在太学作学生。赵、李族寒，素贫俭。每朔望②谒告③出，质④衣取半千钱，步入相国寺，市碑文果实归，相对展玩咀嚼，自谓葛天氏⑤之民也。

后二年，出仕宦，便有饭蔬衣练⑥，穷遐方绝域⑦，尽天下

---

① 建中辛巳：宋徽宗建中靖国元年(1101)。这一年李清照与赵明诚结婚。
② 朔望：农历每月初一为朔，十五为望。
③ 谒告：请假。这里指朔望日的例行休假。
④ 质：典当。
⑤ 葛天氏：传说中远古时代的帝王，其时民风淳朴，安居乐业。
⑥ 饭蔬：以蔬菜为饭，此指素食。衣练(shū)，穿粗布衣服。练，苎麻类织物。
⑦ 穷遐方绝域：游遍极远的地方。遐方，远方。绝域，极远的地域。

古文奇字⑧之志。日就月将,渐益堆积。丞相居政府,亲旧或在馆阁,多有亡诗、逸史⑨、鲁壁、汲冢⑩所未见之书,遂尽力传写,浸⑪觉有味,不能自已。后或见古今名人书画、一代奇器,亦复脱衣市易。尝记崇宁间,有人持徐熙⑫牡丹图,求钱二十万。当时虽贵家子弟,求二十万钱,岂易得耶?留信宿⑬,计无所出而还之。夫妇相向惋怅者数日。

---

⑧ 古文奇字:此指上古文字,如甲骨文、钟鼎文之类。
⑨ 亡诗、逸史:泛指散失的历史文化资料。
⑩ 鲁壁、汲冢:泛指出土文物。
⑪ 浸:渐渐。
⑫ 徐熙:五代时南唐著名画家。
⑬ 信宿:连宿两夜。

译文

　　我在建中靖国元年才嫁到赵家来。当时先父为礼部员外郎,公公为吏部侍郎,明诚才二十一岁,正在太学里当学生。赵、李两家都是清寒门第,一向清贫俭朴。明诚每逢初一、十五休假从太学里回来,用衣服去当出半吊铜钱,走进相国寺,买些碑帖、果子回家,和我对坐打开碑帖来鉴赏,并细细品尝果子,这时我们认为自己简直就是葛天氏时代的人了。

　　两年之后,明诚出去做官,这时就有了节衣缩食把普天下边远偏僻地方的古文奇字都收集起来的愿望。逐日逐月地积累起来,渐渐地收集得越来越多。公公在朝廷枢要部门,亲戚朋友有的在藏书机关,常常有一些散失了的诗篇和失传了的书,甚至是孔子家墙壁里、汲郡的古墓里都找不到的书籍,于是就下功夫抄写,渐渐地感觉到有趣味,自己也就不愿住手。后来有时看见古代、当代名人的书画和某一代的稀奇器物，也要再脱下衣服典当出钱来把它买到。曾记得崇宁年间，有人拿来一轴徐熙画的《牡丹图》，讨价铜钱二百吊。当时即使富贵人家的子弟，想要立即凑足这二百吊钱，哪里容易办到呢？那张画被留在我们家两天，还是拿不定主意，只好还给了那人。夫妻俩你看着我、我看着你，为此惋惜怅惘了好几天。

（二）

后屏居①乡里十年，仰取俯拾②，衣食有余。连守两郡③，竭其俸入，以事铅椠④。每获一书，即同共勘校，整集签题。得书、画、彝⑤、鼎，亦摩玩舒卷⑥，指摘疵病，夜尽一烛为率⑦。故能纸札精致，字画完整，冠诸收书家。余性偶强记，每饭罢，坐归来堂⑧烹茶，指堆积书史，言某事在某书某卷第几页第几行，以中否角胜负，为饮茶先后。中即举杯大笑，至茶倾覆怀中，反不得饮而起。甘心老是乡矣。故虽处忧患困穷，而志不屈。

---

① 屏（bǐng）居：退职闲居。赵挺之罢相后不久死去，亲旧多遭迫害。赵明诚去官后携李清照回到青州故里。
② 仰取俯拾：指多方谋求衣食。
③ 连守两郡：赵明诚自宋徽宗宣和三年（1121）至宋钦宗靖康元年（1126）先后任莱州、淄州太守。
④ 铅椠（qiàn）：书写用具，这里指校勘、刻写。
⑤ 彝（yí）：青铜祭器。
⑥ 摩玩舒卷：反复观赏，爱不释手。
⑦ 率（lǜ）：限度。
⑧ 归来堂：赵李二人退居青州时住宅名，取陶渊明《归去来辞》意。

译文

　　后来明诚罢官,我们回青州故乡闲居了十年,多方谋求衣食,衣食稍有了富余。明诚复官后,又接连做了两个郡的太守,把他的全部薪俸拿出来,从事书籍的刻写。每得一本,我们就一起校勘,整理成集,题上书名。得到书画和彝、鼎等古代酒器,也摩挲把玩或摊开来欣赏,挑剔上面的毛病,每晚品评,总要点尽一支蜡烛才作罢。因此所收藏的古籍,大都纸张精致,字画完整,超过许多收藏家。我天性博闻强记,每次吃完饭,和明诚坐在归来堂内烹茶,指着堆积的史书,说某一典故出在某书某卷第几页第几行,以猜中与否比赛胜负,作为饮茶的先后。猜中了,便举杯大笑,以至把茶倒在怀中,起来时反而饮不到一口。真甘心在这样的环境中过一辈子!所以我们虽处于忧患贫穷之中,而胸中的志趣从没有屈服过。

寒花葬志

明·归有光

婢,魏孺人①媵②也。嘉靖丁酉五月四日死,葬虚丘。事我而不卒,命也夫!

婢初媵时,年十岁,垂双鬟,曳深绿布裳。一日,天寒,爇③火煮荸荠④熟,婢削之盈瓯⑤,予入自外,取食之;婢持去,不与。魏孺人笑之。孺人每令婢倚几旁饭,即饭,目眶冉冉动。孺人又指予以为笑。

回思是时,奄忽⑥便已十年。吁,可悲也已!

---

① 孺人:指作者之妻魏氏。
② 媵(yìng):古时陪嫁的婢女,此指寒花。
③ 爇(ruò):烧。
④ 荸荠(bí qi):多年生草本植物,肉白色,可食。
⑤ 瓯(ōu):小瓦盆。
⑥ 奄忽:快速,迅速。

译文

　　婢女寒花,是我妻魏孺人的陪嫁丫环。死于嘉靖十六年五月四日,葬在土山之上。她没有能侍奉我到底,这是命啊!

　　寒花当初陪嫁来我家时,年方十岁,两个环形发髻低垂着,一条深绿色的布裙长可拖地。一天,天气很冷,家中正在烧火煮荸荠,寒花将已煮熟的荸荠一个个削好皮盛在小瓦盆中,都盛满了,我刚从外面进屋,取来就吃;寒花立即拿开,不给我。我妻就笑她这个样子。我妻经常叫寒花倚着小矮桌吃饭,她就照做,两个眼珠慢慢地转动着。我妻又指给我看,我们都觉得很好笑。

　　回想当时,一晃已经十年了。唉,真可悲啊!

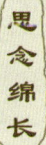

祭妹文（节选）

清·袁枚

（一）

余捉蟋蟀，汝奋臂出其间①；岁寒虫僵，同临其穴。今予殓汝葬汝，而当日之情形，憬然赴目②。予九岁，憩书斋，汝梳双髻，披单缣③来，温《缁衣》④一章；适先生牖户⑤入，闻两童子音琅琅然，不觉莞尔，连呼"则则⑥"，此七月望日⑦事也。汝在九原⑧，当分明记之。予弱冠⑨粤行，汝倚⑩裳悲恸。逾三

---

① 出其间：出现在捉蟋蟀的地方。
② 憬（jǐng）然赴目：清楚地来到眼前。
③ 单缣（jiān）：这里指用缣制成的单层衣衫。缣，双丝织成的细绢。
④ 《缁衣》：《诗经·郑风》篇名。缁，黑色。
⑤ 牖（zhà）户：开门。
⑥ 则则：犹"啧啧"，赞叹声。
⑦ 望日：阴历每月十五，日月相对，月亮圆满，所以称为"望日"。
⑧ 九原：墓地。原为春秋时晋国卿大夫的墓地名，后为泛指。
⑨ 弱冠：古代指男子成年，二十岁的时候。
⑩ 倚（jǐ）：拉住。

年,予披官锦⑪还家,汝从东厢扶案出,一家瞠视而笑⑫,不记语从何起,大概说长安登科、函使报信迟早云尔。凡此琐琐,虽为陈迹,然我一日未死,则一日不能忘。旧事填膺⑬,思之凄梗⑭,如影历历,逼取便逝⑮。悔当时不将婴婗⑯情状,罗缕纪存;然而汝已不在人间,则虽年光倒流,儿时可再,而亦无与为证印者矣。

---

⑪ 披官锦:指袁枚于乾隆四年(1739)考中进士,选授翰林院庶吉士,请假南归省亲的事。官锦,宫廷作坊特制的丝织品。这里指用这种锦制成的官袍,即翰林的朝服。
⑫ 瞠(chēng)视而笑:瞪眼看着笑,形容惊喜激动的情状。
⑬ 填膺(yīng):充满胸怀。
⑭ 凄梗:悲伤凄切,心头像堵塞了一样。
⑮ 逼取便逝:真要接近它、把握它,它就消失了。
⑯ 婴婗(yī ní):婴儿。这里引申为儿时。

译文

　　我捉蟋蟀,你紧跟我捋袖伸臂,抢着捕捉;寒冬蟋蟀死了,你又同我一起挖穴埋葬它们。今天我收殓你的尸体,安葬你,而当年的种种情景,却一一清晰地呈现在眼前。我九岁时,在书房里休息,你梳着两个发髻,披了一件细绢单衣进来,共同温习《诗经》中的《缁衣》;刚好先生开门进来,听到两个孩子琅琅的读书声,不禁微笑起来,连声"啧啧"称赞,这是七月十五日的事情。你在九泉之下,一定还清楚地记得。我二十岁去广西,你牵住我的衣裳,悲伤痛哭。过了三年,我考中进士,衣锦还乡,你从东厢房扶着长桌出来,一家人瞪着眼相视而笑,记不得当时话是从哪里说起的,大概是说了些在京城考进士的经过以及报信人来得早、晚,等等。所有这些琐碎的事情,虽然已经成为过去,但只要我一天不死,就一天也不能忘却。往事堆积在我的胸中,想起来,心头悲切得像被堵塞了似的,它们像影子一样似乎非常清晰,但真要靠近它抓住它,却又不见了。我后悔当时没有把这些儿时的情状,一条一条详细地记录下来;然而你已不在人间了,即使时光可以倒流回去,儿童时代可以重新来过,也没有人来为它们对照证实了。

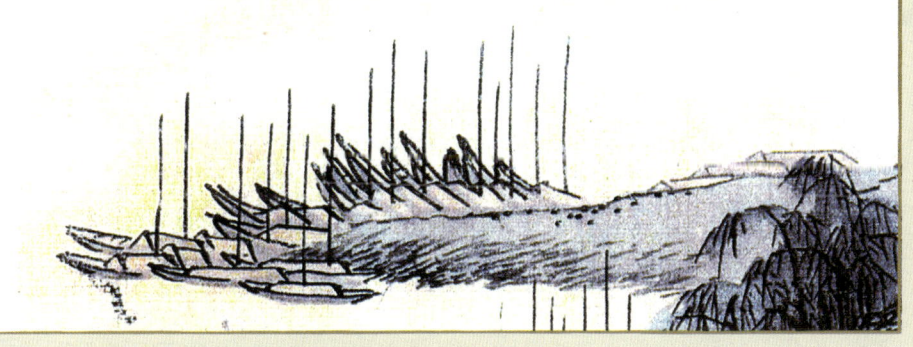

思念绵长

（二）

前年予病，汝终宵①刺探，减一分则喜，增一分则忧。后虽小差②，犹尚殗殜③，无所娱遣；汝来床前，为说稗官野史④可喜可愕之事，聊资一欢⑤。呜呼！今而后，吾将再病，教从何处呼汝耶？

汝之疾也，予信医言无害，远吊⑥扬州；汝又虑戚吾心，阻人走报；及至绵惙⑦已极，阿奶问："望兄归否？"强应曰："诺。"已予先一日梦汝来诀，心知不祥，飞舟渡江，果予以未

---

① 终宵：整夜。
② 小差(chài)：病情稍有好转。差，同"瘥"，病愈。
③ 殗殜(yè dié)：病得不太厉害，半卧半起的样子。
④ 稗(bài)官野史：指私人编定的笔记、小说之类的历史记载，与官方编定的"正史"相对而言。
⑤ 聊资一欢：姑且作为一时的快乐。
⑥ 吊：凭吊，游览。
⑦ 绵惙(chuò)：病势危险。

时还家,而汝以辰时⁸气绝;四支犹温,一目未瞑⁹,盖犹忍死待予也。呜呼痛哉!早知诀汝,则予岂肯远游?即游,亦尚有几许心中言,要汝知闻、共汝筹画⑩也。而今已矣!除吾死外,当无见期。吾又不知何日死,可以见汝;而死后之有知无知,与得见不得见,又卒难明⑪也。然则抱此无涯之憾,天乎人乎!而竟已乎!

---

⑧ 辰时:相当于上午七时至九时。
⑨ 一目未瞑:一只眼睛没有闭紧。
⑩ 共汝筹画:和你一起商量,安排。
⑪ 又卒难明:最终又难以明白。卒,终于。

译文

　　前年我生病,你整夜都在打听病情,减轻一分就高兴,加重一分就担忧。后来虽然我的病情稍有好转,但仍半卧半起,感到没有什么好取乐消遣的;你来到我的床前,讲一些稗官野史中好笑和惊奇的故事,给我带来一些欢乐。唉!自今以后,我如果再有病痛,让我从哪里去呼唤你呢?

　　你的病,我相信医生的话以为不要紧,所以才远游去扬州。你又怕我心中忧虑,不让别人来给我报信。直到病情沉重时,母亲问你:"要哥哥回来吗?"你才勉强答应说:"好。"就在你死前一日,我已梦见你来诀别,心知这是不吉祥的,急

忙飞舟渡江赶回家。果然,我于未时到家,而你已在辰时停止了呼吸;四肢尚有余温,一只眼睛还未闭紧,大概你还在忍受着临死的痛苦等待我回来吧。唉!痛心啊!早知要和你诀别,我哪里肯离家远游呢?即使出去,也有许多心中的话,要让你知道,和你共同商议。可是现在结束了!除非我死,否则就没有相见的日期。可我又不知道哪一天死,才可以见到你;而死后究竟有知觉还是没有知觉,以及能相见还是不能相见,终究是难以明白的啊!如果如此,那么我将终身抱着这无穷的遗恨,天啊!人啊!竟然这样结束了吗!

思念绵长

伍

翰墨流香

兰亭集序

东晋·王羲之

（一）

永和九年，岁在癸丑，暮春①之初，会于会稽山阴之兰亭，修禊事也②。群贤毕至，少长咸集。此地有崇山峻岭，茂林修竹，又有清流激湍，映带左右，引以为流觞曲水③，列坐其次。虽无丝竹管弦之盛，一觞一咏，亦足以畅叙幽情④。

是日也，天朗气清，惠风和畅。仰观宇宙之大，俯察品类之盛⑤，所以游目骋⑥怀，足以极视听之娱，信⑦可乐也。

---

① 暮春：阴历三月。暮，晚。
② 修禊(xì)事也：为了做禊礼这件事。古代习俗，于阴历三月上旬的巳日（三国魏以后定为三月三日），人们群聚于水滨嬉游洗濯，以祈福消灾。实际上这是古人的一种游春活动。
③ 流觞(shāng)曲水：用漆制的酒杯盛酒，放入弯曲的水道中任其漂流，杯停在某人面前，某人就引杯饮酒。这是古人劝酒取乐的一种方式。流，使动用法。曲水，引水环曲为渠，以流酒杯。
④ 幽情：幽深内藏的感情。
⑤ 品类之盛：地上万物的繁多。品类，指自然界的万物。
⑥ 骋：放开，敞开。
⑦ 信：实在。

译文

　　永和九年，正是农历癸丑年，暮春三月的一天，我们在会稽郡山阴县的兰亭聚会，举行袚（fú）禊活动。许多有贤德的人全来了，年轻的年长的，都会集在一起。这个地方有崇山峻岭，有茂密的树林和修长的翠竹，又有清澈湍急的溪流，辉映环绕在亭子的四周，我们引来作为泛觞的曲水，大家依次坐在水边。虽然没有管弦齐奏的盛况，但是，边饮酒，边赋诗，也足以畅叙内心深处的情怀。

　　这一天，天气晴朗，空气清新，春风和煦。仰观广袤的宇宙，俯瞰繁盛的万物，借此尽情观赏，舒展胸怀，足以把耳闻目睹的欢娱推向极致，实在快乐！

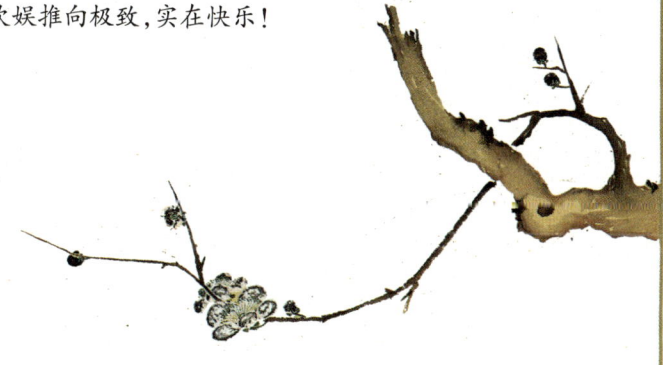

（二）

　　夫人之相与，俯仰一世。或取诸怀抱，悟言①一室之内；或因寄所托，放浪形骸之外。虽趣舍万殊②，静躁不同，当其欣于所遇，暂得于己，快然自足，不知老之将至；及其所之既倦③，情随事迁，感慨系之矣。向之所欣，俯仰之间，已为陈迹，犹不能不以之兴怀，况修短随化④，终期⑤于尽！古人云："死生亦大矣。"岂不痛哉！

---

① 悟言：面对面的交谈。悟，通"晤"，面对面。
② 趣（qū）舍万殊：各有各的爱好，取舍各不相同。趣舍，取舍，爱好。趣，趋向，取向。万殊：千差万别。
③ 所之既倦：(对)所喜爱或得到的事物已经厌倦。之，往、到达。
④ 修短随化：寿命长短听凭造化。化，自然。
⑤ 期：至，及。

　　每览昔人兴感之由,若合一契⑥,未尝不临文嗟悼,不能喻之于怀。固知一死生为虚诞,齐彭殇为妄作。后之视今,亦犹今之视昔。悲夫!故列叙时人⑦,录其所述,虽世殊事异,所以兴怀,其致一也。后之览者,亦将有感于斯文。

---

⑥ 契:符契,古代的一种信物。在符契上刻上字,剖而为二,各执一半,作为凭证。
⑦ 列叙时人:一个一个记下当时与会的人。

译文

　　人与人交往,一生的时间是很短促的。有的人和朋友在室内晤谈,倾吐自己的心里话;有的人则把自己的志趣寄托在所爱好的事物上,放纵不羁。虽然取舍的差别很大,性格的恬静或浮躁也各不相同,但是当他们因遇到的事物而喜悦,暂时得意,感到心满意足时,竟然连衰老将要到来的事都忘记了。等到他们对自己所喜爱或得到的事物已经厌倦了,心情也随着事物的变化而改变,感慨就会随之而来。从前所喜欢的事情,在一俯一仰的刹那间已成为过去的事,尚且不能不因此而发生感慨,又何况人的寿命有长有短听凭造化,最终归结到死亡呢!古人说:"死和生,都是大事啊!"这怎能不使人悲痛呢!

每当我看到前人发出感慨的缘由,与我所感叹的如同符契那样相合,未曾不面对着前人的那些文章而嗟叹悲伤,心里却又不明白为什么会这样。我本来就知道要把死亡和生存一样看作是荒诞的,把长寿和短命一样看作是虚妄的。后人看待今人,也像今人看待古人一样。实在可悲!因此,我把此时与会的人,一一记下,抄录了他们所写的诗篇,尽管时代变迁、世事更改,但激起人们感叹的原因却是一致的。后代看到这些诗作的读者,大概也会由这些诗文引起同样的感慨吧。

观公孙大娘弟子舞剑器行序

唐·杜甫

大历二年十月十九日,夔府别驾①元持宅,见临颍李十二娘舞剑器②,壮其蔚跂③,问其所师,曰:"余公孙大娘弟子也。"开元五载,余尚童稚,记于郾城观公孙氏舞剑器浑脱④,浏漓顿挫,独出冠时。自高头⑤宜春、梨园二伎坊⑥内人洎外供奉⑦,晓是舞者,圣文神武皇帝⑧初,公孙一人而已。玉貌锦

---

① 夔府别驾:夔府,旧府名,今四川奉节县。别驾,官名,州刺史的佐僚。
② 剑器:一种持剑的舞蹈。公孙大娘是唐代著名的舞蹈家,杜甫幼年时,曾在郾城看过她的舞蹈。
③ 蔚跂(qǐ):舞步壮观,使人觉得光彩蔚然。
④ 浑脱:舞蹈名称。
⑤ 高头:前头,指常在皇帝前。
⑥ 宜春、梨园二伎坊:指唐玄宗时皇家的两个歌舞班子。
⑦ 洎(jì):到,及。外供奉,指宫外的随时可以应召入宫的舞伎。
⑧ 圣文神武皇帝:唐玄宗的尊号。

衣,况余白首,今兹弟子,亦非盛颜。既辨其由来,知波澜莫二⑨,抚事慷慨,聊为《剑器行》。昔者吴人张旭⑩善草书帖,数尝于邺县见公孙大娘舞西河剑器,自此草书长进,豪荡感激,即公孙可知矣。

---

⑨ 波澜莫二:师徒舞技相仿,一脉相承。
⑩ 张旭:唐代著名书法家,擅长草书。

译文

　　唐大历二年十月十九日,我在夔府别驾元持家里,观看临颍李十二娘跳《剑器》舞,觉得舞姿矫健多变非常壮观,就问她是向谁学习的。她说:"我是公孙大娘的学生。"开元五年,我还年幼,记得在郾城看过公孙大娘跳《剑器》和《浑脱》舞,流畅飘逸且节奏明朗,超群出众,当代第一。从皇宫内的宜春、梨园弟子到宫外供奉的舞女中,懂得此舞的,在唐玄宗初年,只有公孙大娘一人而已。当年她服饰华美,容貌漂亮,如今我已是白首老翁,眼前她的弟子李十二娘,也已经不是年轻女子了。既然知道了她舞技的渊源,看来她们师徒的舞技一脉相承,抚今追昔,心中无限感慨,姑且写了《剑器行》这首诗。过去吴县人张旭擅长书写草书字帖,在邺县经常观看公孙大娘跳《西河剑器》舞,从此草书书法大有长进,豪放激扬,放荡不羁,由此可知公孙大娘舞技之高超了。

竹枝词引

唐·刘禹锡

　　四方之歌,异音而同乐。岁正月①,余来建平②,里中儿联歌《竹枝》③,吹短笛、击鼓以赴节。歌者扬袂睢④舞,以曲多为贤。聆其音,中黄钟之羽。卒章激讦⑤如吴声,虽伧伫不可分⑥,而含思宛转,有淇、澳之艳⑦。昔屈原居沅、湘间,其民迎

---

① 岁正月:唐穆宗长庆二年(822)正月。长庆元年(821)冬,刘禹锡被任命为夔州刺史,大约到任时已是次年正月。
② 建平:郡名,此当指夔州。
③ 《竹枝》:又名"竹枝词""竹枝歌""竹枝曲"。最早为巴人口头传唱的民歌。据史书记载,早在战国时期,楚国荆湘一带就有"下里"和"巴人"的流行歌曲,《竹枝词》就是这种巴楚民歌融合的产物。
④ 睢(suī):仰视。
⑤ 激讦(jié):激越清脆。
⑥ 伧伫(zhù)不可分:听不太懂。
⑦ 淇、澳之艳:代指情歌。淇、澳是周代卫国的两条河名,《诗经》多处咏及,多涉男女爱情。

神,词多鄙陋,乃为作《九歌》。到于今荆楚鼓舞之。故余亦作《竹枝词》九篇,俾⑧善歌者飏之。附于末,后之聆巴歈⑨,知变风⑩之自焉。

---

⑧ 俾:使。
⑨ 巴歈(yú):巴即巴郡,约当现在重庆一带。歈即民歌。
⑩ 变风:《诗经》中的国风自《邶风》至《豳风》一百三十五篇,皆为周朝中衰后乱世所产生的作品,故称为"变风"。相对于治世所产生的正风而言。刘禹锡此处使用"变风"一词,似乎并非强调世事之治乱,而是侧重于体察民俗风情之意。

译文

　　各地的民歌,声音虽有不同,但都是乐曲。长庆二年正月,我来到夔州上任,听到当地的儿童联唱竹枝词,有人吹短笛伴唱,击鼓为节拍。唱歌的人同时高扬衣袖,纵情舞蹈,谁能唱得多,就是胜者。听其竹枝词的曲调合乎黄钟律所定的羽调曲。乐曲结尾的一段,激越清脆,像是吴地民间歌曲,虽听不太懂,但委婉曲折,有情歌之音调。昔日屈原流放沅湘之间,见俗人祭祀之歌舞,其词鄙陋,因作《九歌》之曲。我今见荆楚之歌舞亦类此。故而我也作《竹枝词》九首,让善歌舞的人传扬雅正之曲辞。把这九首《竹枝词》附在屈原《九歌》之后,以后听巴中民歌的人们,就可以知道巴中民歌的"变风"的来由了。

《李贺集》序(节选)

唐·杜牧

皇诸孙贺①,字长吉。元和中,韩吏部②亦颇道其歌诗。云烟绵联,不足为其态也;水之迢迢,不足为其情也;春之盎盎,不足为其和也;秋之明洁,不足为其格也;风樯阵马③,不足为其勇也;瓦棺篆鼎④,不足为其古也;时花美女,不足为其色也;荒国陊殿⑤,梗莽丘垄⑥,不足为其恨怨悲愁也;鲸呿

---

① 皇诸孙贺:李贺本是郑王之后,是唐之宗室子弟。
② 韩吏部:韩愈,曾任吏部侍郎。《新唐书·李贺传》:"七岁能辞章,韩愈、皇甫湜始闻未信,过其家,使贺赋诗,援笔辄就如素构,自目曰《高轩过》,二人大惊,自是有名。"
③ 风樯阵马:风浪中航行的船,阵地上冲锋的马。
④ 瓦棺篆鼎:陶瓦做的葬具,刻有篆文的钟鼎,泛指古董、文物。
⑤ 荒国陊(duō)殿:荒芜的都城,破败的宫殿。
⑥ 梗莽丘垄:荒草野木,土丘坟墓。

鳌掷⑦,牛鬼蛇神,不足为其虚荒诞幻也。盖《骚》之苗裔⑧,理虽不及,辞或过之。《骚》有感怨刺怼⑨,言及君臣理乱,时有以激发人意。乃贺所为,无得有是?贺能探寻前事,所以深叹恨今古未尝经道者,如《金铜仙人辞汉歌》《补梁庾肩吾宫体谣》,求取情状,离绝远去笔墨畦径间,亦殊不能知之。贺生二十七年死矣,世皆曰:"使贺且未死,少加以理,奴仆命《骚》可也。"

贺死后凡十某年,京兆杜某为其序。

---

⑦ 鲸呿(qū)鳌掷:鲸张口,鳌跳跃。
⑧ 苗裔:此指继承者。
⑨ 刺怼(duì):讥刺怨恨。

译文

　　皇室子孙李贺,字长吉。元和年间,韩愈也很称道他的诗歌。云雾绵延不断,不足以形容它的风姿;流水悠远流淌,不足以形容它的情思;春色生机勃勃,不足以形容它的和畅;秋天清明高洁,不足以形容它的格调;风浪中航行的船,阵地上冲锋的战马,不足以形容它的刚勇;出土文物,不足以形容它的古雅;鲜花美女,不足以形容它的神采;已成废墟的国都和宫殿,杂乱的草木和荒坟,不足以形容它的哀怨悲愁;张口的鲸、跳跃的鳌,加上牛鬼蛇神,都不足以形容它的虚荒诞幻。大概它是《离骚》的流韵,思想上虽然比不上它,语言上却可能超过它。《离骚》有感慨怨怒讽刺仇恨,谈到君臣治理乱政,时常用言辞来激发人的情感。而李贺的诗作,

难道不是也有这样的情况吗？李贺能够探寻前朝往事，来深深叹息、感慨古今未曾吟咏的事物，如《金铜仙人辞汉歌》《补梁庾肩吾宫体谣》，追求形象不肯蹈常习故，摆脱开前人的文字痕迹，也有一些不能让人理解。李贺只活了二十七年就去世了，世人都说："假设李贺还没有死，稍微地用思想来丰富诗作，将《离骚》视作奴仆也可以了。"

李贺死后十多年，京兆杜某为他作序。

书吴道子画后

北宋·苏轼

  知者创物,能者述焉,非一人而成也。君子之于学,百工之于技,自三代①历汉至唐而备矣。故诗至于杜子美②,文至于韩退之③,书至于颜鲁公④,画至于吴道子⑤,而古今之变,天下之能事毕矣。道子画人物,如以灯取影,逆来顺往,旁见侧出,横斜平直,各相乘除⑥,得自然之数。不差毫末,出新意于

---

① 三代:指夏、商、周三个朝代。
② 杜子美:杜甫,字子美,唐代诗人。
③ 韩退之:韩愈,字退之,唐代杰出文学家。
④ 颜鲁公:颜真卿,字清臣,封鲁国公,世称颜鲁公,唐代著名书法家。
⑤ 吴道子:唐代杰出画家,擅画佛道人物及鸟兽、草木、台阁。所画衣褶,有飘举之势,有"吴衣当风"之说。千余年来被视为"画圣",民间画工尊之为"祖师"。
⑥ 乘除:增减。

法度之中，寄妙理于豪放之外，所谓游刃余地，运斤成风⑦，盖古今一人而已。余于他画，或不能必其主名，至于道子，望而知其真伪也。然世罕有真者，如史全叔所藏，平生盖一二见而已。

---

⑦ 运斤成风：语出《庄子·徐无鬼》。"郢人垩(è)慢其鼻端若蝇翼，使匠石斫之。匠石运斤成风，听而斫之，尽垩而鼻不伤，郢人立不失容。"这里用以比喻吴道子手法纯熟。

译文

有智慧的人创造事物,有能力的人来叙述,这不是一个人能够独立完成的。士人攻读诗书,匠人学习技艺,从夏、商、周三代,一直到汉朝、唐朝,一套体系都很完备了。因此写诗有了杜甫,写文章出现了韩愈,书法有了颜真卿,而作画当推吴道子,虽然从古至今有许多审美的不同,但能够超过他们的几乎没有。吴道子画人物,好似看着灯烛能描绘出影子,笔锋往来自如,笔势不拘一格,横竖笔画互相增减补充,

这是得到了自然之法啊。他的画作传神逼真,在传统的画法中不乏新意,豪放的风格里不乏细腻,手法娴熟,可以称得上是游刃有余,古今只有他可以当此殊荣。我对于其他的画作,不能肯定其作者的名字,但对于吴道子的画,一看就知道真伪。可惜现在存世的赝品太多,像史全叔收藏的这幅真品,我这辈子也不过见过一两次。

题东坡字后

北宋·黄庭坚

　　东坡居士①极不惜书,然不可乞。有乞书者,正色诘责之,或终不与一字。元祐中锁试②礼部③,每来见过,案上纸不择精粗,书遍乃已。性喜酒,然不能四五龠④已烂醉,不辞谢而就卧,鼻鼾如雷。少焉苏醒,落笔如风雨,虽谑弄皆有义味。真神仙中人,此岂于今世翰墨之士争衡哉!

　　东坡简札字形温润,无一点俗气。今世号能书者数家,虽规摹古人,自有长处,至于天然自工,笔圆而韵胜,所谓兼四子⑤之有以易之,不与也。

---

① 东坡居士:宋代文学家苏轼,自号东坡居士。
② 锁试:考试时闭锁试场,以防止舞弊。
③ 礼部:宋代进士考试由礼部主试。
④ 龠(yuè):古代量器名,二龠一合,十合一升。
⑤ 四子:所指不详,照文义看,当是四位有成就的书法家。

译文

　　苏东坡平时极不吝啬自己的书法,但却不能求他书写。凡有求他写的,他都会严肃地批评,有时还一字不给。元祐年间他和我在礼部主持考试,每次来见到桌上有纸,他会不管纸的好坏就在上面书写,把纸写完才作罢。他喜欢饮酒,不过喝四五龠就会烂醉,不道声告辞就睡了,一睡就鼾声如雷。不一会儿醒过来,落笔如风雨般潇洒,即使是开玩笑也是非常有意味的。真是神人呀!这哪里是当世的翰林们能争高下的呢?

　　苏东坡的简札书写字形温润,没一点世俗的习气。现在号称能作书法的人,虽然学习临摹古人有他们的长处,但那自然精妙,运笔圆润,以气韵取胜,就是用兼有"四子"所长的作品来换东坡居士的,我也是不肯给的了。

跋渊明①集

南宋·陆游

　　吾年十三四时,侍先少傅②居城南小隐,偶见藤床上有渊明诗,因取读之,欣然会心。日且暮,家人呼食,读诗方乐,至夜卒不就食。今思之,如数日前事也。

　　庆元二年,岁在乙卯③,九月二十九日,山阴陆某务观书于三山④龟堂,时年七十有一。

---

① 渊明:东晋大文学家陶潜,字渊明。
② 少傅:官名。先少傅在文中指陆游的父亲陆军。
③ 庆元二年:1195年。庆元:宋宁宗年号。乙卯:乙卯年。"二年"当是"元年"之误。因为"庆元二年"是"丙辰"年,与"岁在乙卯"不合。与陆游"时年七十有一"亦不合。
④ 三山:地名,在浙江省绍兴市。

译文

我十三四岁时,侍奉先少傅在城南隐居,偶尔看到藤床上有陶渊明的诗,于是取来读,欣然领悟。太阳快要落山的时候,家里人唤我吃饭,我读诗正开心,一直到夜里都没有去吃。现在想起来好像是几天前的事。

庆元元年,乙卯年,九月二十九日,山阴陆某在三山龟堂读书,当年七十一岁。

牡丹亭记题词

明·汤显祖

天下女子有情,宁有如杜丽娘者乎!梦其人即病,病即弥连①,至手画形容②传于世而后死。死三年矣,复能溟莫③中求得其所梦者而生。如丽娘者,乃可谓之有情人耳。情不知所起,一往而深,生者可以死,死可以生。生而不可与死,死而不可复生者,皆非情之至也。梦中之情,何必非真,天下岂少梦中之人耶?必因荐枕④而成亲,待挂冠而为密⑤者,皆形骸之论⑥也。

---

① 弥连:病重垂死。
② 手画形容:指《牡丹亭》中杜丽娘亲手描绘自己形象的情节。
③ 溟莫:亦作"溟漠",指冥间、阴曹地府。
④ 荐枕:席子与枕头,代指同床。
⑤ 挂冠而为密:辞官以后才有清净、安定。
⑥ 形骸之论:犹言表面的、皮相的、未得精髓的言论。形骸,人的形体、躯壳。

传杜太守事者,仿佛晋武都守李仲文、广州守冯孝将儿女事。予稍为更而演之。至于杜守收考柳生,亦如汉睢阳王收考谈生也。

嗟夫,人世之事,非人世所可尽。自非通人⑦,恒以理相格⑧耳。第云理之所必无,安知情之所必有邪!

———————

⑦ 自:连词,有"假如"义。通人:学识渊博、高明通达之人。
⑧ 格:辨识、推究、匡正。

译文

　　天下女子的多情，难道还有像杜丽娘那样的吗？梦见那位情人就得病，一病而迅即不起，以至于亲手描绘自己的画像传于世以后就死了。死去三年了，又能在冥冥之中寻求到所梦的人而复生。像杜丽娘这样，才可以称得上是多情的人。她的情在不知不觉中被激发起来，而且越来越深，活着时可以为情而死，死了又可以为情而生。活着不愿为情而死，死而不能复生的，都不能算是感情的极点啊。梦中产生的情，为什么一定不是真的呢，天下难道还缺少这样的梦中之人吗？一定要等到男女同床了才算是成亲，等到挂冠辞官后才感觉安定的，都是只看事情表面的说法。

记述杜太守的故事，与晋代武都太守李仲文、广州太守冯孝将儿女恋爱的传说大致相似。我稍加改动而写成了这个剧本。至于杜太守拘押拷打柳梦梅，也就像汉代睢阳王拘押拷打谈生了。

　　唉，人世的事情，不是人所能理解透彻的。假如不是学问贯通古今的人，常常用"理"去加以推究。只是一味强调杜丽娘死而复生与柳梦梅结合的事，从理的角度看一定没有，又怎么知道从情的角度看一定不会存在呢！

题孤山①夜月图

明·李流芳

　　曾与印持②诸兄弟,醉后泛小艇,从西泠③而归。时月初上,新堤④柳枝皆倒影湖中,空明摩荡⑤,如镜中复如画中。久怀此胸臆,壬子在小筑⑥,忽为孟阳⑦写出,真是画中矣。

---

① 孤山:山丘名,因孤峙在杭州西湖的里湖与外湖之间,故名"孤山"。
② 印持:僧人名。
③ 西泠(líng):指西湖北部连接孤山和湖岸的西泠桥。
④ 新堤:指西湖上的白堤。
⑤ 空明摩荡:指月光下的水面明澈如空,水中的倒影荡来摇去。
⑥ 壬子:明万历四十年,公元1612年。小筑,别墅。
⑦ 孟阳:明画家、小品文作家程嘉燧,字孟阳。李流芳好友。

译文

  我曾经和印持诸兄弟醉后泛舟西湖,从西泠归来。当时,明月初升,白堤柳桂的倒影投在湖面,月光下的水面明澈如空,水中的倒影荡来摇去,我们坐的小船在湖面上漂游,如同在镜面上,又如同在图画中。将此情境绘入图画的意愿已久蓄心中,壬子年在小筑,这情境忽然被孟阳画出,真使人又置身于画一般的西湖夜景中了。

陆 文坛诗话

炀帝善属文

唐·刘悚

炀帝善属文①，而不欲人出其右。司隶薛道衡由是得罪。后因事诛之，曰："更能作'空梁落燕泥②'否？"炀帝为"燕歌行"，文士皆和，著作郎王胄③独不下帝，帝每衔④之。胄竟坐此见害，而诵其警句，曰："'庭草无人随意绿⑤'，复能作此语耶？"

---

① 属文：写作。
② 空梁落燕泥：薛道衡《昔昔盐》中的句子。
③ 王胄（zhòu）：字承基，仕陈为太子舍人。入隋，杨广引为学士，大业初为著作佐郎，后授朝散大夫。
④ 衔：怀恨在心。
⑤ 庭草无人随意绿：全诗已佚，仅存此佚句。

译文

　　隋炀帝善写作，但是不愿有人胜过他。司隶薛道衡因此得罪。后来因事被诛杀，隋炀帝说："还能作'空梁落燕泥'吗？"隋炀帝写了"燕歌行"，文人士子都知道，唯独著作佐郎王胄对此不称道，隋炀帝对他怀恨在心。王胄竟然最终因此而被杀害，隋炀帝念诵他的诗句，说："'庭草无人随意缘'，再也不能写这样的诗了吧？"

旗亭画壁

唐·薛用弱

开元中,诗人王昌龄、高适、王之涣齐名。时风尘未偶①,而游处略同②。

一日,天寒微雪,三诗人共诣旗亭,贳③酒小饮,忽有梨园伶官十数人,登楼会宴。三诗人因避席隈映,拥炉火以观焉。

俄有妙妓四辈,寻续而至,奢华艳曳,都冶颇极。旋则奏乐,皆当时之名部也。昌龄等私相约曰:"我辈各擅诗名,每不自定其甲乙。今者,可以密观诸伶所讴,若诗入歌词之多者,则为优矣。"

---

① 风尘未偶:未做官。风尘,比喻仕宦。偶,遇,值。
② 游处略同:指交游相处大抵都在一块儿。
③ 贳(shì):赊欠。

俄而,一伶拊节而唱曰:"寒雨连江夜入吴,平明送客楚山孤。洛阳亲友如相问,一片冰心在玉壶。"昌龄则引手画壁曰:"一绝句!"寻又一伶讴之曰:"开箧④泪沾臆⑤,见君前日书。夜台⑥何寂寞,犹是子云居⑦。"适则引手画壁曰:"一绝

------

④ 箧(qiè):小箱子。
⑤ 臆(yì):胸。
⑥ 夜台:坟墓。
⑦ 子云:汉代文学家扬雄的字。诗中以扬雄比喻亡友梁九少府。这句说虽然他在九泉之下,那里依然是一处文学家的住所。

句!"寻又一伶讴曰:"奉帚平明金殿开,且将团扇共徘徊。玉颜不及寒鸦色,犹带昭阳日影来。"昌龄则又引手画壁曰:"二绝句!"之涣自以得名已久,因谓诸人曰:"此辈皆潦倒乐官,所唱皆巴人下里之词耳!岂阳春白雪之曲,俗物敢近哉!"因指诸妓之中最佳者曰:"待此子所唱,如非我诗,吾即终身不敢与子争衡矣!脱是吾诗,子等当须列拜床下,奉吾为师!"

　　因欢笑而俟之。须臾,次至双鬟发声,则曰:"黄河远上白云间,一片孤城万仞山。羌笛何须怨杨柳,春风不度玉门关。"之涣即揶揄二子,曰:"田舍奴!我岂妄哉?"因大谐笑。诸伶不喻其故,皆起诣曰:"不知诸郎君,何此欢噱⑧?"昌龄等因话其事。诸伶竞拜曰:"俗眼不识神仙,乞降清重,俯就筵席!"三子从之,饮醉竟日。

---

⑧ 欢噱(xué):欢声笑语,戏谑打闹。

译文

唐玄宗开元年间,诗人王昌龄、高适、王之涣齐名。无奈他们命运都不太顺畅,仕途艰难,而生活的经历又颇多相似之处。

有一天,冷风飕飕,微雪飘飘。三位诗人一起到酒楼去,赊酒小饮。忽然有梨园掌管乐曲的官员率十余子弟登楼宴饮。三位诗人回避,躲在角落里,围着小火炉,且看她们表演节目。

一会儿又有四位漂亮而妖媚的梨园女子,珠裹玉饰,摇曳生姿,登上楼来。随即乐曲奏起,演奏的都是当时有名的曲子。王昌龄等私下约定:"我们三个在诗坛上都算是有

名的人物了，可是一直未能分个高低。今天算是有个机会，可以悄悄地听这些歌女们唱歌，谁的诗入歌词多，谁就最优秀。"

一会儿，一位歌女首先唱道："寒雨连江夜入吴，平明送客楚山孤。洛阳亲友如相问，一片冰心在玉壶。"王昌龄就用手指在墙壁上画一道，说："我的一首绝句。"随后一歌女唱道："开箧泪沾臆，见君前日书。夜台何寂寞，犹是子云居。"高适伸手画壁："我的一首绝句。"不久又一歌女出场："奉帚平明金殿开，且将团扇共徘徊。玉颜不及寒鸦色，犹带昭阳日

影来。"王昌龄又伸手画壁，说道："两首绝句。"王之涣自以为出名很久了，可是歌女们竟然没有唱他的诗作，面子上似乎有点下不来，就对王昌龄、高适二位说："这几个唱曲的，都是不出名的歌女，所唱不过是'下里巴人'之类不入流的歌曲，那'阳春白雪'之类的高雅之曲，哪是她们唱得了的呢！"于是用手指着几位歌女中最漂亮、最出色的一个说："到这个歌女唱的时候，如果不是我的诗，我这辈子就不和你们争高下了；果然是唱我的诗的话，甭客气，二位就拜倒于座前，尊我为师好了。"

　　三位诗人说笑着，等待着。一会儿，轮到那个梳着双鬟的最漂亮的姑娘唱了，她唱道："黄河远上白云间，一片孤城万仞山。羌笛何须怨杨柳，春风不度玉门关。"王之涣得意至极，揶揄王昌龄和高适说："怎么样，土包子，我说的没错吧！"三位诗人开怀大笑。那些歌女们听到笑声，不知道发生了什么事情，纷纷走了过来："请问几位大人，在笑什么呢？"王昌龄就把比诗的缘由告诉了她们。歌女们施礼下拜："请原谅我们俗眼不识神仙，恭请诸位大人赴宴。"三位诗人应了她们的邀请，欢宴一天。

人面桃花

唐·孟棨

博陵崔护,姿质甚美,而孤洁寡合。举进士下第①。清明日,独游都城南,得居人庄,一亩之宫②,而花木丛萃,寂若无人。扣门久之,有女子自门隙窥之,问曰:"谁耶?"以姓字对,曰:"寻春独行,酒渴求饮。"女入,以杯水至,开门设床③命坐,独倚小桃斜柯④伫立,而意属殊厚⑤。妖姿媚态,绰有余妍。崔以言挑之,不对,目注者久之。崔辞去,送至门,如不

---

① 下第:指科举考试未中。
② 一亩之宫:范围一亩地大小的院落。
③ 床:坐榻。
④ 柯:树枝。
⑤ 意属殊厚:待他的情意很深。

胜⁶情而入。崔亦眷盼而归,嗣后绝不复至。

及来岁清明日,忽思之,情不可抑,径往寻之。门墙如故,而已锁扃⁷之。因题诗于左扉曰:"去年今日此门中,人面桃花相映红。人面只今何处去,桃花依旧笑春风。"后数日,偶至都城南,复往寻之,闻其中有哭声,扣门问之,有老父出曰:"君非崔护耶?"曰:"是也。"又哭曰:"君杀吾女。"护惊

---

⑥ 胜:经得住,忍受。
⑦ 扃(jiōng):从外面关门的闩、钩等。

起，莫知所答。老父曰："吾女笄年⁸知书，未适人，自去年以来，常恍惚若有所失。比日与之出，及归，见左扉有字，读之，入门而病，遂绝食数日而死。吾老矣，此女所以不嫁者，将求君子⁹以托吾身，今不幸而殒，得非君杀之耶？"又持崔大哭。崔亦感恸，请入哭之，尚俨然在床。崔举其首，枕其股，哭而祝曰："某在斯⑩，某在斯。"须臾开目，半日复活矣。父大喜，遂以女归之⑪。

---

⑧ 笄(jī)年：女子十五岁。
⑨ 将求君子：此处指打算找一个好女婿。
⑩ 某在斯：我在这里。某，崔护自称。
⑪ 归之：嫁给他。

译文

　　博陵人崔护,容貌品行十分美好,却很孤傲很少和别人合得来。他参加进士考试未考中。清明节那一天,独自漫游京城南,发现一座住人的庄园,有一亩大的院落,花草树木丛生,寂静得好像没有人。他敲门敲了很久,有个女子从门缝偷看他,问道:"谁呀?"崔护把姓名告诉了她,说:"游赏春景独自走来,因喝酒渴了,求杯水喝。"女子进屋,拿一杯水出来,打开门,放把椅子请他坐下。她独自靠着小桃树的斜枝站着,含而不露的情意特别深厚。她艳丽的姿容、妩媚的情态,柔美从容。崔护用话挑逗她,她不回答,彼此用目光注视

　　了很久。崔护告辞离去,她送到大门口,好像有不尽的情意,然后才进门。崔护也依依不舍地回去了,此后就没有再来。

　　等到第二年清明节那天,崔护忽然想念起那个女子,感情不能控制,就直接前去找寻她。大门院落跟原来的一样,但已经锁上了锁头。崔护于是在左边的门上题了一首诗,写道:"去年今日此门中,人面桃花相映红。人面只今何处去,桃花依旧笑春风。"以后又过了几天,崔护偶然到京城南,又前去寻找那人家,听见院里有哭声,就敲门询问其中的原因。有个老汉出来说:"您是崔护吗?"回答说:"是我。"老汉又哭着说:"您害了我的女儿!"崔护又吃惊又悲伤,不知道回

答什么。老汉说:"我女儿成年了,懂得诗书,还未许配人家。从去年以来,经常恍恍惚惚,好像有什么东西丢了。近日和她出门,等到回来,她看见左门上有字,读完它,进门就病了,于是绝食几天后死了。我老了,只有这一个女儿,没有嫁出她的原因,是要找一个君子,也好让自己老有所依。现在女儿不幸死了,莫不是你杀了她吗?"老汉拉住崔护大哭。崔护也伤感悲痛,请求进屋内哭她一回,女子还整齐地躺在床上。崔护抬起她的头,枕在她的腿上,哭着祷告说:"我在这里!我在这里!"不久女子睁开了眼,过了半天又活了。老汉十分高兴,就把女儿嫁给了崔护。

红叶题诗

唐·范摅

中书舍人卢渥①应举之岁,偶临御沟,见一红叶,命仆搴②来,叶上乃有一绝句。置于巾箱,或呈于同志。

及宣宗既省宫人③,初下诏,许从百官司吏,独不许贡举人④。渥后亦一任范阳,获其退宫人,宫人睹红叶而吁嗟久之,曰:"当时偶题随流,不谓郎君收藏巾箧。"验其书迹,无不讶焉。诗曰:"流水何太急,深宫尽日闲。殷勤谢红叶,好去到人间。"

---

① 卢渥:唐大中年间进士,历中书舍人、陕府观察使,终检校司徒。
② 搴:拿。
③ 宣宗:李忱,唐朝第十八位皇帝。省,减少。
④ 贡举人:参加科举考试的人。

译文

　　中书舍人卢渥去应举的那一年,偶尔在御沟,看到一片红色叶子,让仆人取来,叶子上有一首绝句。卢渥把叶子藏在箱子里,有时拿出来给志趣相投的朋友观看一番。

　　宣宗年间,宫廷裁减宫女的诏命下达了,那诏命说,这些出宫的女子,只能许配给百官司吏,不能嫁给应考的士人。卢渥后来在范阳做官,和一位被遣放出的宫女结了婚。宫女一见这片红叶,竟连连感叹,说:"这正是当年我在宫中闲居无聊时所写的一首诗,没想到被郎君遇到并收藏起来。"卢渥验证其墨迹,竟和红叶上的字迹完全一样。全诗如下:"流水何太急,深宫尽日闲。殷勤谢红叶,好去到人间。"

明皇听曲

唐·郑棨①

　　明皇将幸蜀②,登花萼楼。使楼前善《水调》者登楼而歌曰:"山川满目泪沾衣,富贵荣华得几时!不见而今汾水上,惟有年年秋雁飞。"顾侍者曰:"谁为此?"对曰:"宰相李峤辞也。"明皇曰:"真才子!"不待曲终而去。

---

① 郑棨:字蕴武,郑州荥阳人,唐昭宗光化二年(899)进士,官至宰相,以太子少保致仕。善诗,多诙谐语,时号"郑五歇后体"。此则诗话转引自《诗话总龟》,书前总目有《开元传信记》,而正文署《明皇传信记》。
② 幸蜀:临幸西蜀,其实就是"安史之乱"中避难西逃。

译文

　　唐明皇准备西奔蜀地时,登上花萼楼散心。他吩咐楼前会唱《水调》歌曲的歌人登楼为他唱歌,歌者唱道:"山川满目泪沾衣,富贵荣华得几时!不见而今汾水上,惟有年年秋雁飞。"明皇回头问侍者:"这支歌是谁写的?"侍者回答说:"是宰相李峤写的歌词。"唐明皇说:"真是个才子!"等不得听完全曲就走了。

顾况戏白居易

唐·王定保

乐天①初举②,名未振,以歌诗投③顾况④。况戏之曰:"长安物贵,居大不易。"及读至《原上草》⑤云:"野火烧不尽,春风吹又生。"曰:"有句如此,居亦何难!老夫前言戏之耳!"

---

① 乐天:白居易的字。
② 举:这里指考进士。
③ 投:投送,呈送。
④ 顾况:当时著名诗人。
⑤《原上草》:指白居易《赋得古原草送别》一诗。

译文

　　白居易刚考进士的时候,还不出名,拿自己的诗投送给顾况看。顾况开玩笑说:"长安物价很贵,在这里住下去很不容易啊!"等他读到《原上草》里的句子"野火烧不尽,春风吹又生"时,说:"有这样的好诗句,住下去有什么困难!老夫刚才说的话是跟你开玩笑罢了。"

幕士论苏柳词

南宋·俞文豹

东坡在玉堂日①,有幕士②善歌,因问:"我词何如柳七③?"对曰:"柳郎中词,只合十七八女郎,执红牙板④,歌'杨柳岸,晓风残月'。学士词,须关西⑤大汉,握铜琵琶,铁绰板⑥,唱'大江东去'。"东坡为之绝倒⑦。

---

① 玉堂:翰林院。苏轼(东坡)曾在翰林院任翰林学士。
② 幕士:幕僚,地方军政长官聘用的办事人员。
③ 柳七:柳永,排行第七,因称柳七。
④ 牙板:象牙拍板,唱歌时用于击节。
⑤ 关西:指函谷关以西。古时认为关西出武将。
⑥ 绰(chuò)板:拍板。
⑦ 绝倒:大笑不止。

译文

苏轼在翰林院任职时,有位幕士善于唱词,苏轼便问这位幕士:"我的词与柳永的词相比如何?"幕士答道:"柳郎中词,只能是十七八岁的小女子,手拿红牙板,唱'杨柳岸,晓风残月'。而您苏学士的词,却须关西大汉,手操铁绰板,唱'大江东去'。"苏轼听了,大笑不止。

人比黄花瘦

元·伊世珍

易安以重阳《醉花阴》词函致明诚。明诚叹赏,自愧弗逮,务欲胜之,一切谢客,忘食忘寝者三日夜,得五十阕。杂易安作以示友人陆德夫。德夫玩之再三,曰:"只三句绝佳。"明诚诘之,答曰:"莫道不销魂,帘卷西风,人比黄花瘦。"正易安作也。

译文

易安居士李清照把自己重阳节做的一首词《醉花明》寄给了丈夫赵明诚。赵明诚感叹着欣赏不已,惭愧自己没有这样的文采,就想着一定要胜过她,于是谢绝一切访客,三天三夜不吃饭不睡觉,写好50阕词,然后把易安居士的那首词夹杂到其中送给了好朋友陆德夫。陆德夫反复欣赏审阅,说:"只有三句是最佳的。"明诚追问是哪三句,德夫回答说:"莫道不销魂,帘卷西风,人比黄花瘦。"这正是易安居士所写的三句。

陈子昂摔琴

明·冯梦龙

子昂初入京,不为人知。有卖胡琴者,价百万,豪贵传视无辨者。子昂突出,顾左右曰:"辇①千缗市之!"众惊问,答曰:"余善此乐。"皆曰:"可得闻乎?"曰:"明日可集宣阳里。"如期偕往,则酒肴毕具,置胡琴于前。食毕,捧琴语曰:"蜀人陈子昂,有文百轴,驰走京毂②,碌碌尘土,不为人知。此乐贱工之役,岂宜留心!"举而碎之,以文轴遍赠会者。一日之内,声华溢都。

① 辇(niǎn):挽车,乘车。
② 京毂(gǔ):京城大道。

译文

　　陈子昂刚到京城时，大家都不认识他。有一个卖胡琴的人，要价一百万，那些富豪们争相传看，却不知是不是值得。陈子昂走上前来，对随从说："用车拉一千贯钱买了！"大家都惊奇，问为什么，陈子昂回答说："我善于演奏这种乐器。"大家都说："可以让我们听听吗？"他说："请明天到宣阳里来。"第二天大家都来了，发现酒食已经摆好，胡琴也在席前。吃完之后，陈子昂捧起胡琴说："四川陈子昂，有文一百篇，千里迢迢来到京城，默默无闻，不被赏识。这把胡琴只不过是一般乐工制作的，哪值得花心力去钻研！"说完摔碎胡琴，把文章赠送给每一个到会的人。一日之内，陈子昂的名声就传遍了京城。

书马犬事

明·冯梦龙

欧阳公在翰林①时,常与同院②出游。有奔马毙犬。公曰:"试书其事。"一曰:"有犬卧于通衢③,逸马蹄而杀之。"一曰:"有马逸于街衢,卧犬遭之而毙。"公曰:"使子修史,万卷未已也。"曰:"内翰④云何?"公曰:"逸马杀犬于道。"相与一笑。

---

① 翰林:翰林院,宋代称翰林学士院。在此供职者称翰林学士,专为朝廷起草命令、修撰史书等。
② 同院:指与欧阳修同在翰林院供职的人。
③ 通衢:大道。
④ 内翰:翰林的别称。此处指欧阳修。

译文

  欧阳修在翰林院做官时,常和同事一起出游。有一次,路上的奔马踩死了一只狗。欧阳修说:"请大家试着记载此事。"一人说:"有只狗睡在大路上,一匹奔跑的马踩死了它。"另一人说:"一匹马在大路上奔跑,路上睡着的狗碰上了,被马踩死了。"欧阳修说:"假如让你们编写史书,写一万卷也写不完啊。"于是有人问:"那你说怎样写?"欧阳修说:"奔马在大路上踩死了一只狗。"大家相互看着笑了起来。

改诗之趣

清·袁枚

　　诗改一字,界判人天,非个中人不解。齐己①《早梅》云:"前村深雪里,昨夜几枝开。"郑谷②曰:"改'几'字为'一'字,方是早梅。"齐乃下拜。某作《御沟》诗曰:"此波涵帝泽,无处濯尘缨。"以示皎然③。皎然曰:"'波'字不佳。"某怒而去。皎然暗书一"中"字在手心待之。须臾,某人狂奔而来,曰:"已改'波'字为'中'字矣。"皎然出手心示之,相与大笑。

---

① 齐己:唐五代诗僧,本姓胡,名得生,益阳(今属湖南省)人,尝住江陵龙兴寺。有《白莲集》十卷,诗论《风骚旨格》一卷。
② 郑谷:唐代诗人,字守愚,袁州(今属江西宜春)人,僖宗时进士,以《鹧鸪诗》得名,人称"郑鹧鸪"。其诗多表现士大夫的闲情逸致,风格清新通俗。
③ 皎然:唐代诗僧,本名谢清昼,谢灵运十世孙,吴兴(今属浙江湖州)人。一生居吴兴东溪草堂,时号"江东名僧"。有诗论《诗式》等。

译文

诗有时改动一个字,便会有天上和人间的区别,不会写诗的人是无法理解的。齐己《早梅》诗写道:"前村深雪里,昨夜几枝开。"郑谷说:"将'几'字改为'一'字,才能显出是早梅。"齐己对郑谷虔诚地拜谢。有人作《御沟》诗写道:"此波涵帝泽,无处濯尘缨。"拿这句诗给皎然看。皎然说:"'波'字用得不好。"那个人很生气地走了。皎然暗自在手心上写了一个"中"字等待那个人回来。不一会儿,那个人飞快地跑回来,对皎然说:"我已经将这个'波'字改为'中'字了。"皎然伸出手将手心上的"中"字给那个人看,两个人相对大笑起来。

钱塘苏小是乡亲

清·袁枚

余戏刻一私印,用唐人"钱塘苏小①是乡亲"之句。某尚书过金陵,索余诗册。余一时率意用之。尚书大加诃责。余初犹逊谢,既而责之不休,余正色曰:"公以为此印不伦耶?在今日观,自然公官一品,苏小贱矣。诚恐百年以后,人但知有苏小,不复知有公也。"一座辴然②。

---

① 钱塘苏小:苏小小,六朝时南齐著名歌妓,钱塘(今浙江杭州)人。
② 辴(chǎn)然:笑的样子。《庄子·达生》:"桓公辴然而笑。"

译文

　　我曾随意刻了一个私章,用的是唐人"钱塘苏小是乡亲"之句。某尚书大人访金陵,向我要诗集,我一时未加考虑,盖上了这枚印章。不料尚书大人大加指责。我开始还表示歉意,但他一味苛责不停,我便正色说道:"先生大概认为这个印章不像样子吧? 在今天看来,您自然是一品大官,苏小的身份很低贱。不过恐怕百年之后,人们只知道有苏小,不再记得大人您哪。"满座人都笑了起来。

柒　围炉夜话

桃花源记

东晋·陶渊明

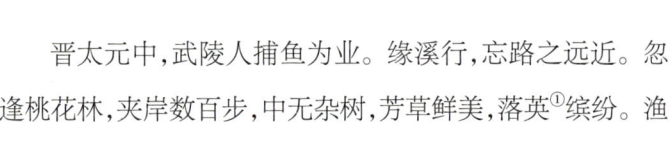

晋太元中，武陵人捕鱼为业。缘溪行，忘路之远近。忽逢桃花林，夹岸数百步，中无杂树，芳草鲜美，落英①缤纷。渔人甚异之②。复前行，欲穷其林。

林尽水源③，便得一山，山有小口，仿佛④若有光。便舍船，从口入。初极狭，才通人⑤。复行数十步，豁然开朗。土地平旷，屋舍俨然，有良田美池桑竹之属。阡陌交通，鸡犬相

---

① 落英：落花。一说，初开的花。
② 异之：对见到的景象感到诧异。
③ 林尽水源：林尽于水源，意思是桃林在溪水发源的地方就到头了。尽，消失。
④ 仿佛：隐隐约约，形容看得不真切的样子。
⑤ 才通人：仅容一人通过。才，副词，仅。

闻。其中往来种作,男女衣着,悉如外人。黄发垂髫⑥,并怡然自乐。

　　见渔人,乃大惊,问所从来。具答之。便要⑦还家,设酒杀鸡作食。村中闻有此人,咸来问讯。自云先世避秦时乱,率妻子⑧邑人来此绝境,不复出焉,遂与外人间隔。问今是何世,乃不知有汉,无论魏晋。此人一一为具言所闻,皆叹惋。

---

⑥ 黄发垂髫(tiáo):指老人和小孩。黄发,古时认为老人头发由白转黄是长寿的象征,这里指老人。垂髫,古时小孩不扎头发,头发下垂,这里指小孩子。
⑦ 要:同"邀",邀请。
⑧ 妻子:指妻子、儿女。"妻""子"是两个词。

余人各复延至⁹其家，皆出酒食。停数日，辞去。此中人语云："不足为外人道也。"

既出，得其船，便扶向路⑩，处处志之。及郡下，诣太守，说如此。太守即遣人随其往，寻向所志，遂迷，不复得路。

南阳刘子骥，高尚士也，闻之，欣然规往。未果，寻⑪病终。后遂无问津者。

---

⑨ 延至：邀请到。延，邀请。
⑩ 便扶向路：就顺着旧路回去。扶，沿着、顺着。向，先前的、旧的。
⑪ 寻：不久。

译文

东晋太元年间,武陵郡有个人以捕鱼为生。一天,他顺着溪水行船,忘记了路程的远近。忽然遇到一片桃花林,生长在溪水的两岸,长达几百步,中间没有别的树,花草鲜嫩美丽,落花纷纷散落在地上。渔人对眼前的景色感到十分诧异。继续往前行船,想走到林子的尽头。

桃林的尽头就是溪水的发源地,那里有一座山,山上有个小洞口,洞里仿佛有点光亮。于是他下了船,从洞口进去了。起初洞口很狭窄,仅容一人通过。又走了几十步,突然变得开阔明亮了。呈现在他眼前的是一片平坦宽广的土地,一排排整齐的房舍,还有肥沃的田地、美丽的池沼、桑树竹林之类。田间小路交错相通,到处可以听到鸡鸣狗叫。人们在田地里来来往往耕种劳作,男女的穿戴跟桃花源以外的世人完全一样。老人和小孩们个个都安适愉快，自得其乐。

村里的人看到渔人，感到非常惊讶，问他是从哪儿来的。渔人详细地做了回答。村里有人邀请他到自己家里去做客。设酒杀鸡做饭来款待他。村里的人听说来了这么一个人，就都来打听消息。他们说他们的祖先为了躲避秦时的战乱，领着妻子儿女和乡邻来到这个与人世隔绝的地方，再也没有出去过，因而跟外面的人断绝了来往。他们问渔人现在是什么朝代，他们竟然不知道有过汉朝，更不必说魏晋两朝了。渔人把自己知道的事一一详尽地告诉了他们，听完以后，他们都感叹惋惜。其余的人各自又把渔人请到自己家中，都拿出

酒饭来款待他。渔人停留了几天,向村里人告辞离开。村里的人对他说:"我们这个地方不值得对外面的人说啊!"

渔人出来以后,找到了他的船,就顺着旧路回去,处处都做了标记。到了郡城,到太守那里报告了这番经历。太守立即派人跟着他去,寻找以前所做的标记,却迷失了方向,再也找不到通往桃花源的路了。

南阳人刘子骥是个志向高洁的隐士,听到这件事后,高兴地计划前往。没有实现,不久因病去世了。此后就再也没有寻找桃花源的人了。

许允丑妻

南朝宋·刘义庆

许允妇是阮卫尉①女,德如妹,奇丑。交礼②竟,允无复入理,家人深以为忧。会允有客至,妇令婢视之,还答曰:"是桓郎。"桓郎者,桓范也。妇云:"无忧,桓必劝入。"桓果语许云:"阮家既嫁丑女与卿,故当有意,卿宜察之。"许便回入内,既见妇,即欲出。妇料其此出无复入理,便捉裾③停之。许因谓曰:"妇有四德④,卿有其几?"妇曰:"新妇所乏唯容尔。然士有百行⑤,君有几?"许云:"皆备。"妇曰:"夫百行以德为首,君好色不好德,何谓皆备?"允有惭色,遂相敬重。

---

① 阮卫尉:阮共,字伯彦,在魏朝官至卫尉卿。
② 交礼:指婚礼中的交拜礼。
③ 裾:衣服的前后襟。
④ 四德:妇德、妇言、妇容、妇功。
⑤ 百行:多方面的品行。

译文

　　许允的妻子是卫尉卿阮共的女儿,阮德如的妹妹,长相特别丑。新婚行完交拜礼,许允不再进新房,家里人都十分担忧。正好有位客人来看望许允,新娘便叫婢女去打听是谁,婢女回报说:"是桓郎。"桓郎就是桓范。新娘说:"不用担心,桓氏一定会劝他进来的。"桓范果然劝许允说:"阮家既然嫁个丑女给你,想必是有一定想法的,你应该体察明白。"许允便转身进入新房,见了新娘,即刻就想退出。新娘料定他这一走再也不可能进来了,就拉住他的衣襟让他留下。许允便问她说;"妇女应该有四种美德,你有其中的哪几种?"新娘说:"新妇所缺少的只是容貌罢了。可是读书人应该有多方面的品行,您有几种?"许允说:"样样都有。"新娘说:"多方面的品行里首要的是德,可是您爱色不爱德,怎么能说样样都有?"许允听了,脸有愧色,从此夫妇俩便互相敬重。

契若金兰

南朝宋·刘义庆

　　山公与嵇、阮一面,契若金兰。山妻韩氏觉公与二人异于常交,问公。公曰:"我当年可以为友者,唯此二生耳!"妻曰:"负羁①之妻亦亲观狐②、赵③,意欲窥之,可乎?"他日,二人来,妻劝公止之宿,具酒肉。夜穿墉④以视之,达旦忘反。公入曰:"二人何如?"妻曰:"君才致殊不如,正当以识度相友耳。"公曰:"伊辈亦常以我度为胜。"

---

① 负羁:僖负羁,春秋时期曹国大夫,今山东菏泽人。晋文公重耳逃亡,路过曹国,曹共公无礼,僖负羁与妻子独具慧眼私下接待晋文公。此后,晋国伐曹之时下令军队不得侵犯僖负羁及其家人,以报答过境时的款待。
② 狐:狐偃,晋国重臣,狐突之子。
③ 赵:赵衰,即赵成子。战略家、政治家,赵国君主的祖先。辅佐晋文公称霸的五贤士之一。
④ 墉(yōng):墙壁,墙上。

译文

　　山涛和嵇康、阮籍第一次见面，就情意相投，成了好兄弟。山涛的妻子韩氏，发现山涛和两人的交情不一般，就问山涛。山涛说："我现在可以看成朋友的人，只有这两位先生罢了！"他妻子说："僖负羁的妻子也曾亲自观察过狐偃和赵衰，我心里也想偷偷观察一下他们，行吗？"有一天，他们两人来了，山涛的妻子就劝山涛留他们住下来，并且准备好酒肉；到夜里，就在墙上挖个洞来察看他们，看到天亮忘了回去。山涛进来问道："这两个人怎么样？"他妻子说："您的才能、情趣根本比不上他们，只能靠见识、气度和他们结交罢了。"山涛说："他们也常常认为我的气度较好。"

肃王与沈元用

南宋·陆游

肃王①与沈元用②同使虏③,馆于燕山愍忠寺。暇日无聊,同行寺中,偶有一唐人碑,辞皆偶俪,凡三千余言。元用素强记,即朗诵一再;肃王不视,且听且行,若不经意。元用归,欲矜④其敏,取纸追书之,不能记者阙之,凡阙十四字。书毕,肃王视之,即取笔尽补其所阙,无遗者,又改元用谬误四五处,置笔他语⑤,略无矜色。元用骇服⑥。

---

① 肃王:赵枢,宋徽宗的第五个儿子,封肃王。
② 沈元用:沈晦,字元用,徽宗宣和年间状元,历任建康、镇江等地知府。
③ 虏:这里指长期与宋对峙的金国。
④ 矜:自夸。
⑤ 他语:说别的事情。
⑥ 骇服:吃惊佩服。

译文

　　肃王和沈元用一同出使金国,住在燕山愍忠寺。闲暇的时日无聊,两人同在寺中散步,偶尔发现一块唐人留下的石碑,碑文用骈俪的双句写成,共有三千多字。元用平素喜欢强记,于是把碑文一遍再一遍地朗读起来;肃王却没有看碑文,只是一边听一边走,像是漫不经心的样子。等到两人回到住处,元用想夸耀自己的聪敏,便拿出纸来默记碑文,记不得的地方就空着,一共缺了十四个字。默记完毕,肃王拿过纸来看,当即提笔把空缺的字全都补上,又改正元用记错的四五处,然后放下笔来谈论别的事情,一点没有表现出骄矜的神情。元用惊讶之余,十分佩服肃王的强记本领。

良桐为琴

明·刘基

工之侨得良桐焉,斫而为琴,弦①而鼓之,金声而玉应②,自以为天下之美也。献之太常,使国工视之,曰:"弗古。"还之。工之侨以归,谋诸漆工③,作断纹焉;又谋诸篆工,作古窾④焉;匣而埋诸土。期年⑤出之,抱以适市。贵人过而见之,易之以百金,献诸朝。乐官传视,皆曰:"希世之珍也!"工之侨闻之,叹曰:"悲哉,世也!岂独一琴哉?莫不然矣。"

---

① 弦:装上琴弦。
② 金声而玉应:像用金属和玉器制成的乐器互相应和。形容琴声优美动听。
③ 谋诸漆工:跟漆匠商议。
④ 古窾(kuǎn):古代钟、鼎等器物上铸刻的文字。
⑤ 期(jī)年:一年。

译文

　　工之侨得到了一根质地优良的桐木,把它砍削成琴,又装上琴弦弹奏,发出的声音像金子一样清脆,回音像玉器一样,他自认为这是天下最美妙的琴声了。工之侨把琴献给太常,太常让技艺高超的乐器师来鉴别,乐器师说:"这琴不古老。"把它还给了工之侨。工之侨把琴带回家,跟漆工商量,在琴上画了一些断续的纹路;又跟刻字工商量,在琴上刻了一些古代器皿上的文字;然后用匣子装着把它埋到土里。过了一年,工之侨挖出它来,抱着琴去街市上售卖。一个有权势的人经过看到了这琴,用一百金买下了它,并把它献给朝廷。主管礼乐的官员们,传看这把琴,都说:"这琴是世上少有的珍宝啊!"工之侨听说了,感叹说:"这个世界真可悲啊!难道只是这一张琴吗?没有一件事不是这样的。"

张氏雀鼠

明·李贽

张士简名率①,嗜酒疏脱②,忘怀家务。在新安③,遣家僮载米二千斛④还吴,耗失大半。士简问其故,答曰:"雀鼠耗也。"士简笑曰:"壮哉!雀鼠。"

---

① 张士简:名率,字士简,吴郡吴县人,家极豪富,为南朝名士。
② 疏脱:粗疏超脱。
③ 新安:地名,在今安徽。
④ 斛(hú):古代量器,十斗为一斛。

译文

张士简名率,喜欢喝酒,粗心大意,常忘记家中事务。在新安,曾派家中仆人买两万斗米回到吴郡,米丢了一大半。张士简问这是为什么,仆人回答说:"被雀鼠吃了。"张士简笑着说:"厉害啊,雀鼠!"

认真

明·陆灼

艾子游于郊外,弟子通、执二子从焉。渴甚,使执子乞浆①于田舍。有老父映门观书,执子揖而请,老父指卷中"真"字问曰:"识此字,馈汝浆。"执子曰:"'真'字也。"父怒不与,执子反以告。艾子曰:"执也未达②,通也当往。"通子见父,父如前示之。通子曰:"此'直''八'两字也③。"父喜,出家酿之美者与之。艾子饮而甘之,曰:"通也智哉!使复如执之认真,一勺水吾将不得吞矣。"

---

① 浆:古代一种酿制的微带酸味的酒。
② 达:通达,通晓。
③ 此"直""八"两字也:古书为竖排,故有此说。

译文

艾子到郊外出游,两个弟子跟着他,一个名字叫"通",另一个名字叫"执"。艾子感到口渴,便派执到村舍去讨要喝的。村舍中有个老者迎着门坐在那里看书,执上前行过礼,说明来意。老者指着书上一个"真"字问道:"你若认识这个字,我就给你喝的。"执说:"这是'真'字。"老者听了很生气,不给他喝的。执只好回去告诉艾子。艾子说:"执不懂变通,还是通去吧。"通见了老者,老者又像问执那样问他。通子说:"这是'直''八'两个字。"老者很高兴,把家里酿造的最好的酒拿出来给了他。艾子喝了之后觉得很可口,说:"通真是聪明!如果像执那样'认真',恐怕这一勺水我也喝不上!"

蓼庄图记（节选）

清·戴名世

    蓼花庄地近东鹿，距京师三百余里而遥，西山面之，浑河绕之，奥阻①幽深，人迹之所不到。居民千余家，淳淳闷闷②，浑乎太古之意，桑麻林麓，远近映带，婚姻嫁娶，不出其里。居人自其始祖迄今，无一识字读书。县吏一来征租，信宿③尽收而去。子孙历世无一入城市，家家足衣食，无贵无贱，无贫无富。凡嚣竞④凌害⑤、偷盗讼狱、干戈扰攘之事、离别羁旅之苦，父老子弟传世数十，耳未尝闻。其山川风物、人民土俗，是亦燕赵间一桃花源也。

---

① 奥阻：腹地险要。
② 淳淳闷闷：淳朴笃诚不开化。
③ 信宿：连宿两夜。
④ 嚣竞：为求功名利禄而喧闹奔走。
⑤ 凌害：欺凌伤害。

译文

蓼花庄位置靠近东鹿,距离京城有三百里的路程,那里面对西山,浑河环绕,腹地险要,山谷幽深,外人很少到达。那里的居民有一千多户,淳朴笃诚不开化,浑然是上古之人的样子,当地广种桑麻,与远处的青山相互映衬,男女婚嫁,从不超出庄里的范围。居民从他们的始祖到现在,没有一个人读书识字。县里的官吏一来收租,连宿两夜就可以收完回去。历代子孙没有一人到过城市,家家户户丰衣足食,没有贵贱贫富之分。世上那些争名夺利、欺凌伤害、偷盗诉讼、争强斗胜之事,亲人离别、孤苦远行的痛苦,祖祖辈辈传了数十代,从来没有听说过。那里的山川风景、民风民俗,简直就是一个存在于燕赵之间的桃花源。

古代文化常识之饮食器用

五谷 五种谷物。古代有多种不同说法,最主要的有两种:一种指稻、黍、稷、麦、菽;另一种指麻、黍、稷、麦、菽。两者的区别是:前者有稻无麻,后者有麻无稻。古代经济文化中心在黄河流域,稻的主要产地在南方,而北方种稻有限,所以最初"五谷"中无稻。

五牲 五种动物,具体所指说法不一:一种指牛、羊、猪、犬、鸡;一种指麋、鹿、麇(jūn)、狼、兔;还有一种指麋、鹿、熊、狼、野猪。第一种说法流传较广。

五味 指酸、咸、甜(甘)、苦、辣(辛)五种味道。《老子》

中有"五味令人口爽"。烹调上讲究"五味调和"。

五香 烹饪食物所用的茴香、花椒、八角、桂皮、丁香五种香料。

六畜 指六种家畜、家禽,马、牛、羊、猪、狗、鸡。

八珍 指古代八种珍贵的食品,即龙肝、凤髓、豹胎、鲤尾、鸮炙、猩唇、熊掌、酥酪蝉。其具体所指随时代和地域而不同。陶宗仪《南村辍耕录》卷九云:"所谓八珍,则醍醐、麝

沆、野驼蹄、鹿唇、驼乳麋、天鹅炙、紫玉浆、玄玉浆也。"

古代食器 古代食器种类很多,主要的有:豆,像高脚盘,本用来盛黍稷,供祭祀用,后渐渐用来盛肉酱与肉羹。皿,盛饭食的用具,两边有耳。盂,盛饮之器,敞口,深腹,有耳,下有圆形之足。盆盂,均为盛物之器。案,又称食案,是进食用的托盘,形体不大,有四足或三足,足很矮,古人进食时讲究"举案齐眉",以示敬意。古人食肉常用匕把鼎中肉取出,置于俎上,然后用刀割着吃。匕,是长柄汤匙。俎,是长方形砧板,两端有足支地。古人常以刀匕、刀俎并举,并以"俎上肉"比喻受人欺凌、任人宰割的境遇。《鸿门宴》中有这么一句:"人为刀俎,我为鱼肉,何辞为?"说的就是这种境遇。箸,夹食的用具,与"住"谐音,含有停步之意,因避讳故取反义为"快",又因以竹制成,故加个"竹"字头为"筷",沿用至今。以上食器的质料均可选用竹、木、陶、青铜等。一般百姓的食器大多用竹、木、陶制成,贵族的食器则以青铜制居多。古代统治者所用的筷子,有的用金、银或象牙制成。

古代炊具　我国古代炊具有鼎、甑（zèng）、鬲（gé）等。鼎，最早是陶制的，殷周以后开始用青铜制作。鼎腹一般呈圆形，下有三足，故有"三足鼎立"之说；鼎的上沿有两耳，可穿进棍棒抬举。鼎的大小因用途不同而差别较大。古代常将整个动物放在鼎中烹煮，可见其容积较大。夏禹时的九鼎，经殷代传至周朝，象征国家最高权力，只有得到九鼎才能成为天子，可见它是传国之宝。甑，是蒸饭的用具，与今之蒸笼、笼屉相似，最早用陶制成，后用青铜制作，其形直口立耳，

底部有许多孔眼，置于鬲或釜上。甗与鼎相近，但足空，且与腹相通，这是为了更大范围地接受传热，使食物尽快烂熟。鬲与甑合成一套使用称为"甗（yǎn）"。鬲只用作炊具，故体积比鼎小。炊具可分为陶制、青铜制两大类。一般百姓多用陶制炊具，青铜炊具多为贵族所用。

古代酒器　尊，是古代酒器的通称，作为专名是一种盛酒器，敞口，高颈，圈足。尊上常饰有动物形象。壶，是一种长颈、大腹、圆足的盛酒器，不仅能装酒，还能装水，故后代用

"箪食壶浆"指犒劳军旅。爵，古代饮酒器的总称，作为专名是用来温酒的，下有三足，可升火温酒。角，口呈两尖角形的饮酒器。觥，是一种盛酒、饮酒兼用的器具，像一只横放的牛角，长方圈足，有盖，多作兽形，常被用来罚酒，如欧阳修《醉翁亭记》中的"射者中，奕者胜，觥筹交错，起坐而喧哗者，众宾欢也"。杯，椭圆形，是用来盛羹汤、酒、水的器物。杯的质料有玉、铜、银、瓷，小杯为盏、盅。卮，也是一种盛酒器，《鸿门宴》中有"卮酒安足辞"之句。

羹 上古的羹，一般指肉汁。有两种：一种是纯肉汁，供食饮；另一种是肉羹，制成五味调和的浓肉汤，后泛指煮或蒸成的汁状、糊状、冻状的食品。在古代，肉是"肉食者"才能吃到的，贫苦百姓只能用白水煮菜为羹，这就是所谓的菜羹。

脍炙 脍，切细的鱼或肉；炙，烤肉。古代鲜肉一般用火炙，就像今天的烤羊肉串；干肉则用火烤。"食不厌精，脍不厌细"，可见古代脍食需要很高的刀工技法。脍炙，是人们所共同喜好的,后来把诗文为人所称颂叫"脍炙人口"。

饮茶 古代的饮茶风气自江南兴起,南北朝时渐盛。唐宋以后,茶成为一般文人的饮料。其功用和饮用方法也在不断变化。唐代陆羽《茶经》引《本草》说:"茶,味甘苦,微寒无毒,主瘘疮,利小便,去痰渴热,令人少睡,秋采之苦,主下气消食。"而同时期的陈藏器亦称茶为"万病之药",可见当时强调的是茶的药用功能。中唐以后,茶成为家常饮料,宋代的宫廷中更是盛行斗茶、挑茶之事,不过却是将茶叶磨成粉,团成茶饼,"煮之百沸",与明清以后通行的散叶茶区别甚大。

古代家具 我国古代家具主要有席、床、屏风、镜台、桌、椅、柜等。席子,是最古老、最原始的家具,最早由树叶编织而成,后来大都由芦苇、竹篾(miè)编成。古人常"席地而坐",足见席子的应用是很广泛的。床,是继席子之后最早出现的家具。一开始,床极矮,古人读书、写字、饮食、睡觉几乎都在床上进行。《孔雀东南飞》:"阿母得闻之,槌床便大怒。"

诗中的"床"指的是坐具。和这种矮床配合用的家具有几、案、屏风等。还有一种矮榻常与床并用，故有"床榻"之称。魏晋南北朝以后，床的高度与今天的床差不多，成为专供睡觉的家具。唐宋以来，高型家具广泛普及，有床、桌、椅、凳、高几、长案、柜、衣架、巾架、屏风、盆架、镜台等，种类繁多，品种齐全。各个朝代的家具，都讲究工艺手法，力求图案丰富、雕刻精美，表现出浓厚的中国传统气派，成为我国传统文化的一个组成部分。其独特的风格与样式，对世界不少国家产生过深远影响。